AF317413

ESSAI,

OU

OBSERVATIONS

SUR

MONTESQUIEU.

Par E. LENGLET, Juge du Tribunal de Bapaume.

---

*Dans les livres de raisonnement, on ne tient rien,
si on ne tient toute la chaîne.*
Déf. de l'Esprit des Loix, IIIeme. Part.

A PARIS,

Chez FROULLÉ, Imprimeur-Libraire, quai des
Augustins, No. 39.

1792.

AVIS AU LECTEUR.

Certains hommes habitués depuis long-tems à regarder l'Auteur de l'Esprit des Loix comme un Écrivain assez dangereux ou assez inutile, ont paru tout-à-coup lui pardonner la foule de vérités qu'il a disséminées en France, quand à l'appui de quelques chimères absurdes et décriées, ils ont cru pouvoir tirer parti de son nom et des ses erreurs. Si les éloges de ces hommes là ont semblé refroidir pendant quelque tems à l'égard de Montesquieu, non l'admiration, mais la reconnaissance des Français libres, il n'a fallu que séparer le grand-homme de ses Commentateurs et de ses nouveaux Apologistes, pour se rappeler qu'entre les précurseurs de la liberté et de la raison, Montesquieu a été l'un des plus utiles et le premier en date; et son apothéose proposé à l'Assemblée Nationale vient d'y être accueilli.

Ce moment est peut-être celui où l'on peut espérer plus d'indulgence pour cet Essai, imprimé avant la Révolution, et dont la publication a été retardée par des circonstances très-peu intéressantes pour le Public.

S'il était à faire aujourd'hui, sans doute l'Auteur le ferait autrement; ni le plan, ni les détails n'en seraient les mêmes : mais je ne crois pas qu'il ait à en désavouer les vues et les principes. Il ne tiendrait qu'à moi d'y faire remarquer au moins une espèce de mérite, celui d'avoir prédit la Révolution deux ans d'avance. (*Voyez pages* 72 *et suivantes.*) Mais j'aime mieux avouer que mes vœux étaient alors beaucoup au-delà de mes espérances. Quant à l'Ouvrage même, il y aurait peut-être de la justice à le juger comme un premier essai dont je ne suis aujourd'hui que l'Editeur.

OBSERVATIONS

SUR

MONTESQUIEU.

*Dans les Livres de raiſonnement on ne tient
rien ſi on ne tient toute la chaîne.*

Déf. de l'Eſp. des Loix, IIIme part.

FAut-il des éloges au grand écrivain qui
a empreint ſon âme & ſon génie dans ſes
ouvrages ?

Que la patrie d'un grand homme ſe croie
plus ſpécialement chargée de la reconnaiſ-
ſance publique envers un bienfaiteur de
l'humanité , qu'elle regarde comme une
dette, ces tribus offerts à ſa cendre , qu'au

A

plaifir de s'aquitter, s'uniffe peut-être le defir de participer en quelque chofe à fa gloire.... Révérons ces fentimens & cette fainte inftitution; félicitons à la fois notre nation & notre fiècle, de la juftice rendue folemnellement & tour à tour, à l'héroïfme & au génie, aux utiles travaux & aux actions brillantes, aux grands talens & aux grandes vertus.

Oui, que les citoyens de chaque contrée, s'occupent à compter les hommes qui illuftrerent leur patrie, que la poftérité s'empreffe d'offrir à leurs mânes, cette publique expiation des torts ou de l'oubli de leurs contemporains; efpérons que ces exemples pourront diriger vers le bien commun, l'activité de quelques efprits énergiques, développer le germe de quelques génies naiffans, déftinés peut-être à s'ignorer toujours, qui le fait? confoler même ou fauver du découragement, quelque homme ifolé, luttant contre l'envie.

Mais, n'eft-il pas des noms & fur-tout un genre de mérite également au-deffus des éloges? Et quel monument ériger à la gloire de MONTESQUIEU , qui foit plus durable que l'ESPRIT DES LOIX , LES CONSIDÉRATIONS SUR LES ROMAINS , LES LETTRES PERSANES?

Faut-il avertir la nation de ce qu'elle doit à l'auteur de ces immortels monumens, que l'Europe nous envie ? Faut-il démontrer la fupériorité de lumières, la fenfibilité, l'imagination, le génie qui ont dicté ces chef-d'œuvres, compter toutes les grandes vérités, les vues neuves & profondes qui y font répandues, & qui doivent éclairer tous les fiècles? Quels écrits enfin recommanderont mieux le nom de ce grand homme, à la poftérité, que fes propres ouvrages ?

Telles font les réflexions qui ont peut-être arrêté jufqu'ici, quelques écrivains, dignes d'apprécier & de louer MONTESQUIEU.

Mais indépendamment des éloges fi inutiles à fa mémoire, ne feroit-il pas en effet une manière d'honorer fon nom, & de fervir fa gloire, en contribuant à augmenter l'utilité de fes écrits ?

Perfonne n'ignore que MONTESQUIEU, a porté le flambeau du génie, fur des *amas de ruines* ; mais toutes les parties de ce

vaſte cahos, ont-elles été également éclairées ? Celui qui fait les premiers pas dans
une terre nouvelle a-t'il le temps d'en reconnaître toutes les parties, d'en ouvrir ou
d'en deſſiner toutes les routes ? Obligé de
fouiller une mine profonde, l'Auteur de
l'eſprit des loix a-t'il eu l'avantage de diſ-
poſer ſes riches matériaux, ſur le plan le
plus ſimple, de les diſtribuer dans l'ordre
le plus propre à en faire ſentir le prix,
d'achever enfin le vaſte & ſuperbe édifice
qu'il avait imaginé ? Voilà peut-être des
queſtions dont l'examen ne ſerait inutile
ni à ce grand homme, ni à ceux qui doivent méditer ſes ouvrages, ni à la poſté-
rité qui doit en recueillir le fruit.

L'homme modifié par la nature & par les
loix, par les puiſſances ſupérieures & par
lui-même; tel fut l'objet des méditations
de MONTESQUIEU, tel fut le ſujet qu'il
embraſſa le premier dans toute ſon étendue,
& ſur lequel ſon génie a dirigé & fixé l'at-
tention générale. Son éloge ne pouvant
être que l'hiſtoire de ſes penſées, ne peut
donc être en même temps, que *l'hiſtoire de*

l'homme. Quel écrivain s'occupera déformais de cette grande étude, fans faire hommage à l'Auteur de l'efprit des loix, & des lumières qui auront afluré fa marche & de l'impulfion-même qui l'aura dirigé ? Mais peut-être aufli l'écrivain capable d'achever cet important ouvrage, ferait feul digne de juger & de louer celui qui l'a tant avancé.

Tracer au moins le plan général & raifonné de cette hiftoire, en la fuivant rapidement dans toutes fes parties, indiquer celles que l'Auteur a dévelopées ou feulement crayonnées, montrer ce qu'on avait fait avant lui & ce qu'il a laiflé à faire, telle ferait fans doute la meilleure manière d'affigner à MONTESQUIEU, le rang qu'il doit tenir parmi les hommes de génie. Si en fuivant & crayonnant ainfi fa marche, j'avais occafion de développer quelques principes qu'il n'a fait qu'indiquer, de marquer d'avantage des diftinctions qui n'ont pas été apperçues, de rapprocher ou de lier certaines parties, en rempliffant les vides qu'il a laiffés quelquefois entr'elles, & d'éclairer ainfi l'une par l'autre, peut-être ce travail contribuant à faire mieux faifir l'ordre & l'enfemble de fes ouvrages , ne ferait pas un vain hommage rendu à la mémoire de leur Auteur; peut-être cet éloge ferait le plus digne à la fois de lui, & de la France qu'il honore, & du corps illuftre & favant, qui s'eft rendu l'interprète de l'Europe & de la nation.

Note pre-mière. Nous nous croyons difpenfés de répéter ici ce que tout le monde peut lire dans les feuls mémoires, que nous foyons à portée de confulter en ce moment, fur la naiffance & les premières années de MONTESQUIEU , fur la manière dont il s'annonça dans le monde, comme homme & comme citoyen. Nous laifferons à ceux qui aiment à faifir au milieu des jeux , des études & des goûts de l'enfance, les premiers traits du caractère & les premières étincelles du talent, le foin de bâtir fur quelques anecdotes incertaines, des conjectures plus ou moins ingénieufes. Nous avons bien plus que toutes ces données obfcures, pour nous aider à fuivre le développement de fon

âme, l'ordre & l'enchaînement de fes idées,
& à furprendre, s'il eft poffible, le fecret
de fon génie.

Tout prouve que MONTESQUIEU, fut
attiré de très-bonne heure vers les grandes
méditations qui occupèrent fa vie, & qu'il
commença très-jeune à raffembler, à claffer
les matériaux des écrits qui devaient un
jour l'illuftrer. Ses premiers pas dans le
monde, fes premiers engagemens envers la
fociété, l'arrêtèrent néceffairement, aux
premiers objets que le hafard ou les projets
de fa famille, préfentèrent à fa réflexion;
& fans doute auffi fes premiers efforts ne
tardèrent pas à y fixer fon goût.

Quelle devait être la première penfée
d'un jeune homme jeté avec toute la curio-
fité, toute l'ardeur & l'inconftance de cet
âge, au milieu de cet océan de loix anciennes & modernes, étrangères ou indigènes,
affermies ou abrogées par le temps? A travers cet amas de textes, de glofes, d'or-
donnances, d'arrêts, de coûtumes, de
compilations, d'opinions, de commentaires,
& de tout ce fatras honoré du nom de

légiflation ou de jurifprudence, & qui en effet en tient lieu depuis fi long-temps, aux nations les plus éclairées de l'univers?

Si le premier coup-d'œil dut l'effrayer, le fecond lui fit fentir fans doute la néceffité de dévorer une fois ces immenfes volumes qui ont fi long-temps furchargé la raifon & décrédité la juftice ; de porter le feu dans ces inextricables ronces, qui en embarraffent toutes les avenues. Sans doute auffi quelques traits de lumière au milieu de cette nuit profonde, lui firent entrevoir la poffibilité d'enlever enfin ces décombres entaffés par les fiècles, pour préparer la place à un édifice régulier. De nouveaux devoirs & de nouvelles idées, durent bientôt concourir à lui en donner le projet, & Note 2. à lui en infpirer le courage.

Obligé déformais par état à chercher chaque jour à travers ce cahos, les règles qui doivent décider du fort des humains, il fallait bien trouver un fil pour fe diriger dans ce dédale immenfe, il fallait remonter aux principes des loix, il fallait étudier l'homme pour qui elles font faites, l'ob-

ferver fous tous les points de vue, le con-
fidérer fous tous les rapports.

Dominé par cette première penfée, il
la porta ou la retrouva par tout, y ra-
mena tout, les hautes fciences, les arts
agréables, les livres & la fociété, fes
devoirs & fes plaifirs. Promené fucceffivement fur les divers théâtres de la faibleffe
& de l'inquiètude humaines, il porta juf-
ques dans le monde le plus frivole, cet
efprit d'obfervation à qui rien n'échappe, ce
tact heureux, qui faifit également les grands
traits de la nature, & les plus fines nuances
des couleurs ou des formes fociales. Il ob-
ferva donc tour à tour, le jeu des grandes
& des petites paffions, d'abord fur cette
fcène mobile dont tous les acteurs ne paraiffent raffemblés que pour plaire, où tous
les goûts, toutes les prétentions, tous les
caractères, raprochés par l'ennui, femblent
tous concourir à un feul objet : trouver le
plaifir ou fe débarraffer du temps. De ces
tableaux plus ou moins variés, le devoir
le ramenait fur cette arêne plus fombre,
où s'agitent, fe croifent, fe heurtent & fe

combattent à découvert , tant d'intérêts &
de paſſions oppoſés. Mais fatigué bien-tôt
du ſpectacle de cette lutte obſcure, mono-
tone & bruyante, ſa penſée s'élevait enfin
à ce grand théâtre des pays & des ſiècles,
où les nations ont donné ſi ſouvent & ne
ceſſent de répéter encore, des ſcènes ſi
cruelles.

A chaque pas qu'il a fait, ſes idées ſe
ſont étendues , ſon horizon s'eſt agrandi,
& de la hauteur où il plane en ce moment,
déjà il ne voit plus que dans l'éloignement
le point d'où il eſt parti.

Méditant & crayonnant dans le ſilence,
jamais ſans doute l'empreſſement de ſe montrer , ne hâta ſon travail & n'ajouta en lui
à l'ardeur de s'inſtruire. MONTESQUIEU,
avait trente-deux ans quand il céda au deſir
de conſulter le public & · de connaître le
ſecrèt de ſes forces. Perſonne n'ignore le
ſuccès de ce début , & combien de genres
d'eſprit il annonça.

Qui n'a pas en effet reconnu l'empreinte
du génie & l'élans d'une grande âme , dans
cet amuſement de ſa jeuneſſe , où ſe trou-

vent réunies à la fois toute la gaieté, la
grâce & la vigueur de cet âge, dans ce
livre ingénieux, où il peint à traits fi
hardis, les mœurs de deux grandes portions de l'efpèce humaine, raprochées par
des chemins fi différens de la perfection ou
de la corruption fociales, ou feulement,
fi l'on veut, également éloignées de la nature? Perfonne n'ignore quelle fenfation
produifit cet ouvrage. Tout le monde a
fenti le mérite de cette foule de portraits
faillans, d'obfervations également délicates
& vraies, auxquelles un demi-fiècle n'a
encore rien ôté de leur fineffe & de leur
fraicheur. Mais au milieu de ces tableaux
de nos folies, fi rians, fi variés, fi piquans,
fur-tout par leur contrafte avec les opinions, les mœurs & les folies afiatiques,
quels traits de lumière, quelles vûes grandes
& neuves, viennent étonner le lecteur frivole, & décéler l'obfervateur profond &
occupé des plus grands objets!

Au refte, cet ouvrage n'eft pas le feul
où le grand homme ait facrifié aux grâces.
Il a laiffé quelques autres opufcules, tous

marqués plus ou moins du fceau de l'originalité & du génie, & qui, s'ils ne font pas fes premiers titres de gloire, n'ont pas le moins contribué peut-être, à augmenter fa célébrité, & à répandre fon nom. Quelle femme en effet, n'a pas lû le *Temple de Gnide*, *Arface*, *& les lettres Perfannes*.

MONTESQUIEU, avait obfervé autour de lui, l'homme en détail, & fous différens rapports; il avait vu le genre humain agir en grand & par maffes fur le théâtre de l'hiftoire, mais il n'avait vu que par les yeux d'autrui : convaincu qu'on eft très-éloigné de trouver tout dans les livres, il réfolut d'obferver par lui-même, & de voyager. Jamais philofophe fans doute, ne mérita mieux d'être comparé à ces fages célébres, qui après avoir quitté leurs foyers, pour aller mettre à contribution l'expérience de tous les peuples, revenaient donner des loix à leur pays. Malheureufement MONTESQUIEU, ne fut pas légiflateur, & il ne devait exercer que le pouvoir des talens & l'autorité du génie.

Note 3.   Il acheva donc de rompre les liens qui

le retenaient encore ; il renonça au droit d'in-
terpréter les loix, de prononcer fur le fort
des hommes, de balancer leurs intérêts
privés, pour aller interroger les nations,
& méditer fur les grands intérêts de l'humanité : admis à l'académie françaife, malgré
des tracafferies, dont pour l'honneur de la
France, nous devons nous hâter de perdre
le fouvenir, il partit & commença fes
voyages par l'Allemagne.

Mis en mouvement par le befoin, l'avarice ou l'inquiètude, le commerce a ouvert
& établi des communications entre tous les
points du globe. Les négocians de chaque
pays, vont demander à d'autres nations,
des richeffes inconnues, des jouiffances
nouvelles. Mais le philofophe, le fage,
que va-t'il y chercher ? Sur cette grande
queftion confultons un fage, & fuivons
MONTESQUIEU.

Quel théâtre s'ouvre tout à coup devant
lui ! quelle foule de richeffes vont s'offrir
à un voyageur déjà enrichi de tant de
connaiffances & de lumières ! quelles impref-
fions, quels fentimens doivent affaillir à la fois

l'obfervateur inftruit méditant fur la defti-
née du genre humain, marchant par tout
au milieu des tombeaux de cent générations
éteintes , & foulant les débris de vingt
empires renverfés ! que d'idées , que de
fouvenirs chaque pas & chaque objet vont
réveiller ! que de révolutions , chaque
ruine, ou chaque monument lui rapelle !
c'eft *Licurgue* ou *Platon*, *Pitagore* ou *Tacite*,
revenus fur la terre, paffant de furprife en
furprife, raprochant ce qu'ils voyent , de
ce qu'ils ont vû, comparant les temps &
cherchant envain les traces de ce qui
exifta.

Que de révolutions en effet , ont méta-
morphofé chaque pays, dans l'intervale de
vingt ou trente fiècles ! des nations inconnues forties de leurs forêts , & fuccèdant à
des nations célébres ; les arts embéliffant
de leurs chef-d'œuvres & de leurs richeffes ,
des contrées long-temps fauvages ; d'autres
pays, illuftrés autrefois par les prodiges
de l'héroïfme & du génie, ftériles aujour-
d'hui , abandonnés par l'homme, dégradés
par la ftupidité , l'ignorance , dévorés &

flétris par le defpotifme ; la poftérité des maîtres du monde, avilie dans un obfcur efclavage ; les arts à côté de la fuperftition & de la fervitude ; la lumière & la barbarie, l'efclavage & la liberté diftribués au hafard fur la terre ; des nations policées, environnées de nations encore barbares : quelques peuples fortis à peine de l'état fauvage, faifant les premiers pas vers la civilifation ; d'autres s'élançant rapidement vers la perfection fociale, ou fe corrompant par degrés, joignant la dépravation des mœurs, aux lumières ou à l'ignorance, & s'approchant plus ou moins de leur diffolution ; enfin, quelques points éclairés, entourés de nuages, tel eft l'état de la terre & du genre humain : telle eft fon hiftoire, dont nous retrouvons quelques monumens & quelques témoins autour de nous.

Dans cette fermentation, dans cette agitation univerfelle, au milieu de tant d'efforts oppofés & de mouvemens contraires, quel peuple a le plus approché du but général ? Lequel a fu atteindre la fituation la moins pénible & faifi les meilleurs moyens de s'y fixer ?

Le même fort peut-il convenir à l'homme
de tous les temps & de tous les pays ? Les
mêmes remèdes font-ils également aplicables
à toutes les maladies morales ? La nature
elle-même à-t'elle travaillé par-tout, fur
un plan uniforme ? Quelles font .enfin les
meilleures inftitutions, les meilleures loix,
le meilleur gouvernement ?

Quel homme était plus digne que
MONTESQUIEU, de difcuter & de réfoudre
ces grandes queftions ? C'eft en parcourant
la portion la plus éclairée du globe, c'eft
au milieu des nations nouvellement formées,
ou dépofitaires des monumens les plus pré-
cieux, c'eft chez les peuples les plus polis,
ou les plus fimples, les plus induftrieux ou
les plus fiers, qu'il obferve l'influence réciproque des mœurs fur les loix, des loix fur
les mœurs, & des unes & des autres fur
le bonheur.

L'homme eft aujourd'hui bien loin de
fon état primitif ! quel échafaudage d'inftitutions, de loix, d'établiffemens ! que de rapports nouveaux, que de liens & de devoirs
ajoutés à ceux que la nature avait établis !

que

que d'efforts pour modifier & défigurer fon ouvrage ! eh ! contre qui tant de précautions ? Quoi ! de tout temps l'homme a-t'il trouvé un ennemi dans fon femblable ! n'a-t'il pu fe procurer la paix qu'avec cet appareil? Et qu'eft-ce que tous ces efforts ont produit ? Cet état de guerre où fe trouvaient, dit-on , les premiers habitans de notre globe, a-t'il au moins fait place à un état plus tranquille ? Y a-t'il moins de fermentation, moins de querelles, plus de repos, moins de défiance entre les individus enchaînés par les loix, qu'entre les fauvages armés par la nature ? Si la fociété fut, comme on l'affure , une confédération entre les faibles, contre les plus forts, les premiers ont-ils atteint leur but ? Après tant de ligues & de traités contre la violence & l'injuftice, avec tant de conventions pour prévenir les effets de l'inégalité individuelle, la faibleffe en eft-elle moins par-tout le jouet de la force , & celui-ci dupe de la rufe ? Autrefois les individus, les familles fe heurtaient , fe détruifaient en détail. Depuis, les nations fe font raffemblées &

battues en corps. Qu'a donc gagné l'homme à cette affociation qui lui coûte d'ailleurs de fi grands facrifices ? Que lui ont produit fes traités, fes conventions, fes loix, & toutes ces vaines précautions oppofées par l'intérêt commun, à tous les intérêts perfonnels ?

Ainfi fans doute le raprochement des ufages & des mœurs, la variété des opinions & l'uniformité des malheurs, élevait MONTESQUIEU, jufqu'à l'origine de toutes les inftitutions humaines; il en recherchait les caufes, & comparant leurs effets avec leurs motifs, il tâchait de démêler les intentions de la nature à travers les monumens de nos erreurs & de notre faibleffe.

Ces grands objets font bien dignes fans doute, d'exercer les fages de tous les temps, & de fixer & d'échauffer le génie. Ce font là auffi, fur-tout depuis quelques jours, ceux auxquels l'efprit humain femble enfin vouloir s'attacher de préférence.

On avait, avant MONTESQUIEU, difcuté plufieurs queftions importantes fur les droits & les devoirs de l'homme, fur les rapports des Princes aux fujets, & des nations entr'elles. *Bodin* en France , *Grotius* en Hollande , & *Puffendorf* en Allemagne , avaient commencé il y a deux fiècles , à raffembler quelques conjectures fur l'origine de tous les droits , fur les motifs & fur les claufes des premières affociations , fur la propriété , la dépendance & fur l'autorité. En méditant fur les premières conféquences de ce droit affreux de la guerre , ils avaient foumis à l'examen , quelques-unes de fes maximes , à la fois les plus univerfelles & les plus terribles ; au milieu du fracas meurtrier , & de l'appareil effrayant des armes , ils avaient effayé de placer le fantôme de la juftice , efpérant peut-être confoler l'humanité & adoucir le fentiment de fes maux , en lui montrant quelques-uns de fes titres. Mais tous trois , en difcutant les droits de l'homme , femblaient s'être un peu trop défiés du pouvoir de la raifon , & l'avoir trop fubordonnée à l'autorité des opinions & de l'habitude. Voilà pourquoi , au lieu d'un enchaînement de propofitions claires & de conféquences évidentes , on trouve fouvent dans ces ouvrages volumineux, tant de chofes qui n'y femblent placées, que parce qu'elles l'ont été ailleurs, tant de grandes vérités affaiblies par le genre de preuves dont elles font étayées. D'un autre côté, le mauvais goût & la mauvaife philofophie de leur fiècle, avaient fur-chargé leur fujet de queftions métaphyfi-ques auffi frivoles que difficiles, & avaient plus ou moins défiguré leurs écrits.

Machiavel, avant eux avait médité l'hif-toire en philofophe, & l'avait écrite en homme d'état, en politique; mais il avait prefque généralement deshonoré fon nom & fon génie, par un fyftême d'oppreffion, par un code de tyrannie, dont l'horreur & l'atrocité même, lui ont fait fuppofer des intentions tout oppofées à celles qu'il fem-blait annoncer. Exalté dans des méditations plus fublimes, & enveloppé d'une obfcurité plus profonde, *Hobbes*, avoit laiffé des écrits moins lifibles & une réputation non moins équivoque. D'autres fpéculateurs avaient peu ajouté au petit nombre de vérités que l'on devait à ces premiers écri-vains. Enfin plus près de nous, dans ce même pays où les droits de l'homme ont été si bien connus & si noblement difcutés, *Locke*, avait porté fur quelques parties du droit naturel & politique , cet efprit de juftefle & d'analyfe, qu'il avait exercé d'abord fur des objets moins importans, & qui fit la fortune de quelques écrits moins utiles : & même, le premier d'entre les plilofophes modernes , il avait eu la gloire de dicter les loix d'une fociété naiffante.

MONTESQUIEU , après avoir vu tout ce qu'on avait écrit, vit qu'il reftait encore beaucoup à examiner, & fur-tout à faire.

Plufieurs de ces hommes célébres, dans le cours de leurs méditations, avaient apperçu & montré le terme où doivent tendre déformais les recherches des fpéculateurs, ou plutôt les efforts de ceux qui peuvent réalifer leurs rêves fublimes; perfectionner les fociétés, atteindre enfin l'objet de toute affociation , c'eft-à-dire, *le plus grand bonheur du plus grand nombre* ... Quand ces grandes vues feront - elles remplies ? MONTESQUIEU , reconnut bientôt , que pour marcher un peu plus fûrement vers ce but,

nous devions commencer par raſſembler &
comparer les monumens de toutes les nations, & recueillir enfin toutes les leçons de
l'expérience. Son objet ne fut donc point de
tracer le plan du meilleur gouvernement ou
le meilleur ſyſtême de légiſlation poſſible :
il eſt probable que ce meilleur ſyſtême
poſſible ne conviendrait à perſonne. Il ſentit
que le ſeul travail utile & raiſonnable,
ferait de chercher ce qui peut être le
mieux, pour tel pays ou tel peuple ; &
embraſſant à la fois, tous les peuples &
tous les pays, il entreprit de tracer l'hiſtoire de tout ce qui eſt, & de ce qui fut,
de peindre enfin l'eſpèce humaine, dans
toutes les poſitions & ſous tous les rapports.

Ainſi, diſtinguer par-tout l'ouvrage de
la nature & l'ouvrage de l'homme, recher-
cher l'origine & indiquer les raiſons de tant
de variétés locales ; parmi la foule des
nations qui ſe diſputent la terre, ou qui
ont diſparu de ſa ſurface, déſigner celles
qui ont le plus avancé vers le but commun,
& ſe ſont le moins trompées ſur les moyens,
les différentes routes qu'elles ont ſuivies,

les conféquences & la durée de leurs éga-
remens, ce que leur ont coûté & leurs
acquifitions & leurs méprifes; montrer
comment les richeffes, la liberté, le pouvoir ont été par-tout inégalement répartis,
les circonftances qui ont favorifé ou affermi
les plus mauvaifes loix, les abus les plus
abfurdes, les gouvernemens les plus monf-
trueux & les plus contraires aux droits de
l'humanité; à l'égard de ceux-ci, expliquer
l'énigme de leur durée, & indiquer le terme
de leur exiftence, tracer enfin *l'Hiftoire des
Loix*, c'eft-à-dire, la partie la plus importante de l'hiftoire de l'homme, tel fut le   Note 5.
projet de MONTESQUIEU. Les *climats*, les
terreins, les dons de la terre & les fupplé-
mens de l'induftrie, les befoins de l'homme
& fes reffources, fes devoirs & fes droits,
les fruits lents de l'expérience & les créa-
tions du travail, tels font les données
qu'il a raffemblées dans un feul cadre;
tel eft le tableau qu'il a peint prefque en
entier, & dont quelques fiècles de plus,
nous apprendront bien mieux peut-être, à
juger & fur-tout à compléter l'exécution.   Note 6.

Pour connaître sûrement ce que l'homme peut faire, où son activité doit se diriger, jusqu'où il peut aller, & les limites de ses espérances, il faut bien s'assurer avant tout, des intentions de la nature à son égard, connaître le rôle qu'elle lui a destiné, & toutes les ressources qu'elle lui a fournies.

L'Espèce humaine, dispersée sur ce globe si varié par sa température, ses aspects & ses productions physiques, étonne & doit souvent étonner, par ses variétés & par ses contrastes; mais elle a aussi quelques attributs communs, quelques loix générales.

Se conserver & se reproduire, telles sont les loix imprimées à tout être vivant; voilà où se réduisent les véritables besoins de l'homme; & de-là dérivent à la fois ses premiers droits & ses premiers devoirs. La nature n'a mis de différences à cet égard, dans les climats différens, que du plus au moins.

Il est évident que toute espèce animale, doit se multiplier par-tout en raison des moyens de subsistances. Doué d'une constitution qui s'accommode sans peine à tous les alimens, à toutes les températures, l'homme a dû se multiplier & s'étendre beaucoup plus que toute autre espèce, & par sa multiplication même, les resserrer enfin, les réprimer ou les subjuguer toutes.

Plus rares près des pôles, les végétaux, les animaux & les hommes, semblent jettés avec profusion sous la zone torride. Dans ce climat, l'homme a moins de besoins, plus de ressources, & conséquemment moins d'intelligence & moins d'énergie. (*a*) Pour lui le bonheur est dans le repos; & l'inertie deviendrait son état naturel, si l'imagination ne suppléait aux autres mobiles, & si la chaleur, qui rend presque nul à son égard, le premier des besoins, n'augmentait & n'exaltait l'énergie d'un autre sentiment, qui devient l'âme de son être & le principe de son activité.

C'est là en effet, c'est sous le ciel embrasé des tropiques, que tous les mouvemens sont des transports, les inclinations des accès, que tous les desirs sont des fureurs; c'est là que la passion de l'amour

____

(*a*) L. XIV.

est brûlante , & participe en quelque sorte à l'ardeur du climat ; là tous les sentimens qui tiennent à cette passion , s'exaltent par les obstacles & produisent des explosions effrayantes ; là l'indifférence est inconnue , la haine aussi extrême que l'amour , & la jalousie, armée de poignards, produit des vengeances fréquentes & terribles. Mais ces accès ne sont que des éclairs. Après le moment de crise , le malade que la fièvre abandonne , retombe dans le sommeil & l'apathie.

Note 7.

Ainsi, pour l'homme du nord, vivre est le premier besoin ; mais pour l'habitant du midi , aimer & jouir sont la même chose que vivre ; le besoin de se conserver est presque subordonné à celui-là.

Telles sont les grandes différences établies par la nature , & qui doivent servir à expliquer dans l'homme, tant de bizarreries & de contradictions en apparence inexplicables. Tâchons de saisir avec MONTESQUIEU, les premières conséquences de ces premiers faits ; & d'abord, observons l'influence des climats sur l'espèce humaine , dès ses premiers pas vers la *civilisation*.

Il ne faut pas espérer avec une seule supposition, expliquer l'origine de tant de sociétés & d'institutions différentes, ni prétendre tout éclaircir en ramenant tout à une seule hipothèse. Eh! pourquoi des hipothèses? Pourquoi ne pas se borner aux faits? Pourquoi vouloir remonter au-delà des monumens, & chercher l'homme ailleurs que dans l'histoire? Qui sait même si, commançant par jetter les yeux autour de nous, nous ne trouverions pas dans tout ce qui existe, quelques instructions plus certaines, & des lumières plus sûres que dans les annales effacées des temps qui ne sont plus. (n. 9.)

Entourés de toutes les richesses de la nature; avec très-peu de besoins, trouvant presque sans travail tous les moyens d'y pourvoir, on conçoit que les habitans du midi, ceux qui vivaient sur les bords de l'*Euphrate*, ou du *Gange*, ou du *Nil*, ont dû être plutôt fixés, & se sont trouvés naturellement réunis par leur position même; & c'est relativement à ce climat, sans doute, que Montesquieu pouvait

Premiers Effets.

Civilisation.

Note 8.

dire : *l'homme eſt né en ſociété, & il y eſt reſté.*

Diſperſés en troupes dans les vaſtes forêts du nord, multipliés plus tard, & cependant plus reſſerrés dans de plus grands eſpaces, accoutumés par le beſoin & par le climat, à une vie plus active & plus dure, faiſant une guerre continuelle aux animaux ſauvages, pourſuivant ſur de vaſtes terreins, une proie toujours fugitive, les peuples placés plus loin du ſoleil, ſe rencontrèrent & ſe heurtèrent ſouvent & long-temps avant de s'unir ou de ſe fixer, ſentirent plus tard la poſſibilité de ſuppléer à l'avarice de leur ſol, par la culture, & conſervèrent auſſi plus long-temps, l'habitude & le beſoin de s'entre-détruire.

Les loix & l'induſtrie, la police & les arts paiſibles, ont dû ſuivre à peu-près la marche & les progrès de la population. Nés comme l'homme, au milieu de l'abondance & ſous le ciel le plus doux, tranſplantés de leur pays natal, perfectionnés par d'autres peuples traités moins biens par la nature, & qui ne les euſſent peut-être jamais inventés , ces heureufes productions de la patience ou du génie, s'avançant lentement & s'enrichiffant dans leur courfe, ont été portées enfin jufqu'aux limites du monde, & font allées féconder des terreins autrefois inacceffibles à l'homme.

Telles font à peu-près les conféquences les plus générales & les plus fenfibles de la différence des *climats* : & cette feule obfervation de MONTESQUIEU , explique pourquoi dans notre continent, le midi de l'Afie, depuis un temps antérieur à toutes les traditions, eft partagé en grands corps de peuples, tandis que le nord eft encore divifé en hordes toujours armées & toujours errantes ; voilà pourquoi les rives correfpondantes de la méditerranée , font civilifées & éclairées depuis fi long-temps , tandis que l'agriculture , les loix & les arts , en Ruffie , dattent à peine du commencement de ce fiècle. Voilà pourquoi au nouveau monde les feuls peuples qui euffent fait quelques pas vers la civilifation, les arts & le defpotifme , les feuls empires qui euffent acquis quelque confiftance & quelque étendue, fe trouvent fous la zone torride; voilà pourquoi peut-être les habitans des deux extrémités du globe, incapables même de recevoir & d'adopter les loix & l'induftrie des autres peuples, uniquement occupés de leurs premiers befoins, & réduits à un très-petit nombre de moyens de fubfiftance, refteront éternellement *fauvages* ou *barbares* (a).

L'hiftoire du genre-humain nous montre donc fur tout le globe, la marche & les progrès de la population, de la civilifation, des lumières, fuivant à peu-près celle du foleil, les fciences & les arts, gagnant infenfiblement du midi au nord, s'arrêtant à une certaine latitude, qu'ils paraiffent deftinés à ne jamais franchir.

Outre cette grande & importante diftinctions des *climats*, il faut encore en obferver une autre, qui par-tout modifie la première, & n'a pas moins d'influence fur les befoins, les richeffes & les forces de

______

(a) Tels font les *Iflandais*, *Groënlandais*, *Efquimaux*, *Lapons*, *Samoyedes*, *Kamshadales*, les hommes du Détroit de *Magellan* & de la *Terre de feu*.

l'homme, fur fa population & fon induſtrie.
C'eſt la différence des *terreins* (*a*).

L'organiſation phyſique du globe, a pro-
digieuſement varié & modifié toutes les
eſpèces qui l'habitent, & ſur-tout la nôtre.
Des révolutions plus ou moins anciennes
& plus ou moins étendues, des fermentations, des convulſions plus ou moins profondes, ont ébranlé & ſillonné ſa ſurface.
Ces terribles jeux de la nature, ont détaché
& iſolé des maſſes plus ou moins grandes,
rapproché dans de petits eſpaces les
températures les plus différentes, les climats
les plus oppoſés. Une ſimple montagne a
ſéparé la zone glaciale & la zone torride,
a réuni à la fois toutes les ſaiſons & tous
les fruits de la terre. On a vu ſous l'équa-
teur des neiges éternelles & les productions
aſſignées excluſivement à la même latitude,
ſe ſont retrouvées à trente & quarante
degrés de diſtance. L'homme n'a pas dû
échapper à ces influences puiſſantes; &
dans tel climat tempéré, l'habitant de la
montagne & celui de la plaine ſe ſont trou-

Terreins.

______

(*a*) L. XVIII.

vés par les goûts, le caractère, par la force
& les mœurs auffi différens entr'eux, que
le *Tartarre* ou l'*Indien*, le *Péruvien*, l'*Iro-*
quois, le *Batave* ou l'*Arabe.*

Les mêmes caufes phyfiques ont auffi
féparé & claffé les nations, ont élevé
entr'elles d'effrayantes barrières, ou facilité
leur communication réciproque.

De cette nouvelle différence dans les
productions de la nature, & dans les reffources de l'homme, en réfulte néceffairement dans l'induftrie & la population.

Population.

Quelques troupes de chaffeurs, peuvent
fubfifter à peine dans de vaftes forêts, fur
les hauteurs du globe. Des familles plus
nombreufes tendent des pièges aux poiffons,
fur les bords de la mer ou des fleuves, ou
conduifent de riches troupeaux, fur des
prairies fertiles. Enfin, un terrein cultivé
doit nourrir une plus grande population,
mais proportionnée encore à la qualité, à la
profondeur du fol, au genre de productions,
à la multiplicité des foins & des travaux
qu'elles exigent (*a*); on trouve par - tout

moins

______

(*a*) L. XVIII, Ch. X, L. XXIII, Ch. XIV.

moins d'habitations & moins d'hommes sur les vignobles que sur les terres à bled, sur les terres labourées ou bêchées de l'*Europe*, qu'auprès des *Rizières* inondées de l'*Inde* & de la *Chine* (n. 10.).

Les révolutions humaines ont influé à leur tour sur l'état de la terre ; & le temps qui agite, déplace, disperse ou réunit les nations, amène aussi lentement & successivement sur un seul terrein, les modifications & les différences qui distinguent les contrées les plus éloignées. Que sont devenues les villes florissantes qui couvraient autrefois les rives occidentales & méridionales, de la Mer Caspienne, l'immense population qui fertilisait les bords du *Nil*, & toute la côte d'*Afrique* ? Que de forêts, de ronces de lacs ou de marais infects, ont étouffé ou englouti, les riches & brillantes cultures, qui embellissaient autrefois l'*Italie* ? Mais d'un autre côté, les hordes féroces, qui des glaces du nord inondaient & ravagaient autrefois le midi de l'*Europe*, ont appris à ne plus dédaigner le travail, & leurs sombres forêts se sont changées en champs fertiles.

C

Ainſi la main de l'homme a quelquefois commandé à la nature même &, ſoumis par-tout à l'action des cauſes phyſiques, à l'impreſſion de tous les élémens, il a quelquefois réagi à ſon tour. Chacune de ſes acquiſitions & de ſes conquêtes a été le fruit de la réunion & l'effet du concours de pluſieurs volontés. Ce concours même ſuppoſe déjà bien des rivalités & des oppoſitions. C'eſt à la ſociété qu'il a dû la plus grande partie de ſes forces. Nous verrons de quel prix il a payé tous ces avantages & comment il a été dédommagé du ſacrifice de ſon indépendance.

En ſuivant avec MONTESQUIEU , dans l'hiſtoire des hommes, la chaîne de leurs rapports & de leurs liens naturels ou factices , nous remarquerons à chaque pas, de nouvelles conſéquences de ſes premières diſtinctions. Nous verrons en effet qu'il faut, comme l'a obſervé ce grand homme, beaucoup moins de loix aux peuples *chaſſeurs*, qu'à ceux qui ont réuni, apprivoiſé ou dompté quelques eſpèces d'animaux plus ou moins paiſibles ; moins à ceux-ci qu'aux *cultivateurs* ; enfin, beaucoup plus d'inſtitutions, de conventions, de réglemens aux peuples qui ont réuni à la fois, tous les moyens de ſubſiſtance, & qui ont appellé tous les arts & le commerce. (*a*) Et s'il était vrai que l'eſpèce humaine eût en effet paſſé graduellement & ſucceſſivement par ces différens états, nous retrouverions l'*Hiſtoire des loix*, dans l'expoſé de celles qui conviennent plus particulièrement à chacun d'eux. Mais nous allons voir peut-être des rapports plus grands & indépendans de toutes les hypothèſes.

Si le domaine aſſigné à notre eſpèce, avait toujours ſuffi, ſi aucun obſtacle n'avait empêché les hommes de ſe diſperſer & de s'étendre en ſe multipliant, ſi la population avait toujours été dans tous les lieux proportionnée aux dons de la nature, ou ſi, en impoſant à l'homme la néceſſité de la ſeconder, elle avait donné à tous les individus également, le goût & le deſir du travail, point d'autres diviſions ſur la terre que les grandes diviſions pyſiques, notre

Origine
des Loix.

____

(*a*) L XVIII, Ch. VIII.

C ij

efpèce n'offrirait par-tout, qu'une fuite de peuplades paifibles, fe communiquant de proche en proche, s'entr'aidant & fe fecondant mutuellement; tout ferait calme, toutes les diftinctions politiques feraient nulles, les loix fuperflues, & le genre-humain ne formerait en effet qu'une vafte famille.

Mais le defir naturel de jouir, joint avec le dégoût non moins naturel du travail, ont dû produire bientôt les premiers projets d'ufurpation, d'oppreffion, les premiers actes de violence & d'injuftice, & les premières *loix*.

L'homme a-t'il en effet d'autres loix que celles qu'il s'eft faites ? Y avait-il des droits & des devoirs avant les premières conventions ? Qu'eft-ce que le droit de la nature ou les *loix naturelles* ? Nous ferait-il en effet impoffible de les démêler & de les reconnaître au mileu de toutes celles que l'homme y a ajoutées? Tâchons de partir de quelques principes clairs & de quelques vérités évidentes.

Premiers
droits
naturels.　Les droits d'un homme ifolé, n'auraient certainement d'autres bornes que fes defirs

& ses forces. Il ne dépendrait que de ses besoins : & peut-être n'est-il jamais en effet d'autre dépendance.

Deux êtres placés dans le même séjour avec les mêmes besoins & les mêmes facultés, s'entr'aideront & se quérelleront tour à tour.

Mais supposons les plus nécessaires encore l'un à l'autre, supposons les de sexes différens.... Sera-t'il question entr'eux d'autorité, de droits, de subordination ? Connaîtront-ils d'autre ambition que celle de se plaire, d'autre devoir que celui de s'aimer ? Mutuellement & sans doute également dépendans, l'un des deux croira-t'il ajouter à son bonheur, en asservissant l'autre ? Ou bien l'Empire sera-t'il nécessairement du côté de la force ?... Il n'est point d'amant qui ne répondît très-hardiment à toutes ces questions. Mais s'il était vrai, ce que je me garderai bien d'assurer, que l'amour & le pouvoir de la beauté, ne fussent en effet que le produit heureux des institutions sociales, il serait possible en ce cas, que les querelles & les prétentions à la prééminence, ou même l'ufurpation d'un fexe fur l'autre, euffent un peu précédé l'amour, & cette conjecture femble en effet confirmée par le fort actuel des femmes, chez prefque tous les peuples *fauvages*.

Nous n'avons pas le temps de remonter ici à l'origine, & de fuivre les progrès de cette grande ufurpation, ni d'examiner pour combien le défir de la perpétuer eft entré dans l'échaffaudage de l'édifice focial.

Nous nous bornerons à une feule obfervation fur la difficulté d'adapter ici le fyftême général de MONTESQUIEU, fur les climats, avec tous les faits connus.

L'application de ce principe ne femble pas en effet, aller au delà de cette première obfervation : que l'inégalité que la nature a établie par-tout entre les fexes, eft beaucoup plus fenfible dans les contrées méridionales (*a*). Du refte les voyageurs & les hiftoriens nous montrent les femmes à peu-

______

(*a*) L. XVI. *Comment les loix de la fervitude domeftique ont du rapport avec la nature du climat.* MONT. traite dans ce livre de la *Poligamie*, du *Divorce*, &c.

près également esclaves chez les sauvages du nord & chez les peuples énervés & corrompus du midi; esclaves chez les *Hurons* & les *Iroquois*, comme chez les *Persans* & les *Turcs*; &, à la *Poligamie* près, de tous les genres d'oppression, le plus injurieux sans doute pour la bauté, le despotisme domestique auquel était soumise l'épouse d'un ancien Romain, n'était guères, ce semble, moins humiliant ni moins dur, peut-être, que ne l'est en Asie, le despotisme des sérails. (n. 11.)

Mais de nouveaux événemens vont amener de nouveaux rapports, de nouvelles affections & de nouveaux devoirs.

Un tiers vient apporter dans la société beaucoup de besoins, des forces nulles, & conséquemment une dépendance absolue. Il est évident qu'alors tous les devoirs sont du côté de la force, & que le titre de la première autorité qui succède à celle-là, est dans la supériorité de raison de ceux qui l'exercent, dans l'intérêt même de leur éléve, & dans leurs propres bienfaits. Sans doute il n'est pas d'autorité plus sacrée; & il n'est pas même d'autre titre réel.　　**

Peu à peu les devoirs fe partagent, les droits de l'enfant finiffent avec fes befoins & fa dépendance. Il peut rendre en partie ce qu'il a reçu, & il demeure chargé de toute la dette de vingt ans de foins & de fecours.

Jufqu'à quel âge le jeune homme doit-il facrifier fa raifon à celle de fes bienfaiteurs, fon bonheur à leur volonté, & fes défirs à la reconnaiffance ? Jufqu'à quand l'habitude d'obéir tiendra-t'elle aux premiers lieu de force, & fuppléra-t'elle au pouvoir ? C'eft ce qui eft difficile de décider, & les limites de cette antique autorité ont été, comme celles de toutes les autres, fouvent ébran-lées ou déplacées par les paffions.

Les enfans devenus hommes & pères à leur tour continueront-ils de vivre en commun, & fous l'autorité de l'aïeul ? Quel afcendant confervera celui-ci fur les nouvelles familles, détachées & plus ou moins éloignées de la fienne ? Son pouvoir fera-t'il tranfmis à d'autres ?... Nouvelles queftions qui en des lieux différens & felon les cir-conftances, ont dû être diverfement déci-dées par les faits.

Quels événemens ajoutèrent de nouveaux droits à ces droits éternels, quel fut le premier héros, le premier fage, ou le premier brigand à qui le génie, la fortune ou la guerre donnerent fur d'autres familles que la fienne, une autorité que lui avait refufée la nature? Le premier pouvoir politique fut-il l'effet de la convention ou de l'injuftice? Fut-il remis aux mains d'un feul ou de plufieurs? Il faut encore à cela plufieurs réponfes. Il faut diftinguer & les temps & les lieux. Mais les hommes ayant commencé à fe battre & a s'égorger, long-temps avant de favoir fixer leurs idées & les événemens par l'écriture, l'hiftoire ne peut nous donner que de faibles lumières fur ces temps antiques. Pour remplir ce vide, & fuppléer aux filence des faits, il faudrait épuifer peut-être toutes les poffibilités, toutes les conjectures, choifir entre toutes les hypothèfes, ou plutôt n'en exclure ancune. Mais il nous fuffit ici d'indiquer rapidement les plus fimples. (n. 12.)

Une peuplade affemblée pour juger la querelle de deux familles, ou chercher les

Conven-
tions.
Droit pu-
blic.

moyens de prévenir toutes les querelles, ou pour repousser un ennemi qui a paru sur les frontières, cette nation réunit évidemment tous les pouvoirs.

Mais à mesure que la peuplade s'étend, que les associés & les affaires se multiplient, les assemblées deviennent à la fois plus fréquentes & plus difficiles, il n'est plus possible que dix mille hommes soient chaque jour enlevés à leurs travaux, pour juger le moindre différend, pour prononcer sur les limites de deux champs voisins, sur la séparation de deux troupeaux, sur la propriété d'une haie de clôture. On choisit alors quelques individus, les plus âgés ou les plus sages, pour représenter la *commune*, & s'occuper de tous les démêlés particuliers dans l'intervalle d'une assemblée à l'autre; & les plus robustes continueront de labourer, de bêcher, de semer, & réserveront pour l'entretien de leurs représentans, une portion de leur récolte.

D'autres événemens, quelques incursions plus fréquentes, pourront même obliger à choisir aussi un corps permanent pour garder

la frontière, & repouffer les ennemis étrangers, ou réprimer les troubles domeftiques.
Ainfi la nation ne s'affemblera plus que dans
les grandes occafions, pour délibérer fur
les intérêts communs & fur les loix générales (*a*).

Tels font les premiers élémens des *corps
politiques*, & l'on y apperçoit très-claire-
ment la diftinction des *trois pouvoirs* (*b*).
La nation en corps, conferve la puiffance
légiflative, & fe fait repréfenter, pour un
intervalle plus ou moins long, dans l'exer-
cices des deux autres.

Mais combien le temps a dû amener
d'altérations à cet ordre de chofes ! combien
d'événemens & de révolutions ont, depuis
cette première époque, modifié, combiné,
déplacé tous les pouvoirs ou toutes les
forces, & agité les nations !

Des repréfentans, laffés d'une autorité
amovible & précaire, ont dû fonger bientôt
à perpétuer & à étendre leur commiffion.

______

(*a*) *De minoribus rebus principes confultant, de ma-
joribus omnes.....* Tacit. *Germ.* 5.

(*b*) L. XI. Ch. VI.

Les plus adroits font fenfiblement parvenus
à fe difpenfer de rendre compte ; peu à
peu les commettans ont oublié leurs droits
& fe font vus avec étonnement repréfentés
malgré eux-mêmes. Ainfi s'eft aliéné enfin
le *pouvoir légiflatif.* Ainfi dans tel pays un
Gouvernement *populaire*, eft devenu *arifto-*
cratique; chez telle nation le nombre des
repréfentans, a fucceffivement diminué ;
des partis oppofés fe font difputé les différentes branches de l'autorité publique,
jufqu'à ce qu'un feul homme ait réuffi à les
réunir toutes ; & voilà la *Monarchie*, plus ou
moins limitée par le fouvenir des droits du
peuple, & par des loix appellées *fonda-*
mentales. Ce font ces loix & le droit de
les réclamer qui féparent le gouvernement
modéré, du *Defpotifme* (*a*).

Que de gradations & de nuances depuis
la fimplicité de ces corps, pour ainfi dire
élémentaires, jufqu'à cette multitude & cette
complication de refforts qui meuvent la
plus grande partie des puiffances modernes;
depuis la conftitution d'une bourgade Suiffe,

______

(*a*) L. II.

jufqu'à la conftitution mixte des trois royaumes; depuis la confédération *Helvétique*, *Holandaife*, ou *Américaine*, jufqu'à l'immenfe complication du corps *germanique*! — Qui entreprendra de calculer & de fixer avec précifion les avantages & les inconvéniens de ces différens fyftêmes, les droits refpectifs des fouverains & des peuples, le degré de liberté ou d'afferviffement (*a*), qui éléve ou avilit telle ou telle nation? Qui peindra la fermentation, les convulfions, les orages qui ont agité certains peuples, les flux & reflux du pouvoir & de la liberté, la marche fourde & lente du defpotifme, minant infenfiblement, s'étendant & enveloppant fes victimes, s'élevant enfin & *déployant cent mille bras pour opprimer*.

Chez aucun peuple, ancien ou moderne, les différens pouvoirs ne parurent auffi fagement diftribués; auffi long-temps &

______

(*a*) Voyez les Livres XI.me & XII.me, *des Loix qui forment la liberté politique dans fon rapport avec la conftitution*, — *avec le citoyen*, & le XIII.me fur les *Revenus publics*.

auſſi vigoureuſement diſputés que chez les
Romains, & depuis eux, chez les *Anglais*.
Ces deux nations ſont auſſi celles dont
MONTESQUIEU, ſemble avoir le plus médité l'hiſtoire & la conſtitution politique.
Ces différens tableaux ſont l'objet du XI.e
livre de l'*Eſprit des loix* ; on n'y trouve
il eſt vrai, ſur l'Angleterre, qu'un ſeul
chapitre ; mais il eſt de MONTESQUIEU : &
ce chapitre, ainſi que les ſuivans, ſur l'ancienne Rome, ſont des chef-d'œuvres d'a-
nalyſe.

C'eſt dans l'*Eſprit des loix* qu'il faut chercher (*a*) les idées de MONTESQUIEU, ſur
les moyens qui aſſurent l'exiſtence & le
repos de chaque gouvernement ; ſur ce qui
conſtitue leur force & leurs principes d'activité ; ſur les rapports des *formes* différentes,
avec les temps & les lieux, avec la population & l'étendue des différens états ; ſur
les opinions & les mœurs les plus convenables à chacune de ces formes; ſur les loix
propres à les introduire ou à les conſer-

____

(*a*) Voyez depuis le ſecond Livre juſqu'au X.me
incluſivement.

ver, fur les caufes fecrétes qui préparent de loin les révolutions; fur les moyens d'en corriger ou d'en retarder l'influence; fur la force des inftitutions & fur celle du temps; fur l'équilibre des loix & des hommes, & fur l'invifible pouvoir qui altére, ébranle & renverfe enfin tous leurs ouvrages. (n. 13 & 14).

Nous avons vu dans une première famille le germe de toutes les fociétés. Un premier coup d'œil fur l'ordre éternel de la nature, nous a montré l'homme naiffant dans la dépendance, efclave de fes befoins & affranchi par l'âge; la concurrence divifant bientôt des êtres égaux, & produifant les conventions après les querelles; nous avons vu les premières ligues & les premiers traités entre des hommes foulevés par le fpectacle & le fentiment de l'injuftice, tout oppreffeur devenant l'ennemi commun de fes femblables & réprimé bientôt par leurs forces réunies; nous avons vu la liberté perfonnelle reftreinte par des engagemens libres ou contractés librement; enfin, tous les individus facrifiant à leur fûreté, une partie de leur indépendance, c'est-à-dire, en dernière analyse, renonçant, pour le droit d'être protégés, au droit de nuire : & ces premiers rapports nous ont montré l'origine & le titre de tous les droits, de tous les devoirs d'homme à homme, & de ceux qui lient chaque individu, à la société dont il est membre.

Droit des Gens. L'ordre des choses nous conduit à examiner avec MONTESQUIEU, les rapports des sociétés entr'elles, les loix de ces grands corps, restés les uns à l'égard des autres dans l'indépendance naturelle & primitive, leurs rivalités, leurs droits, leurs communications, leur action réciproque, leurs traités passagers & leurs chocs perpétuels.

Qu'au milieu d'un amas de peuplades ou de familles dispersées, se forment, comme nous l'avons vu, ou de quelqu'autre manière que ce soit, une seule confédération, à peine le temps & l'habitude lui auront donné quelque consistance, & voilà un corps prépondérant capable d'attaquer tous les autres, & qui va les envelopper, les détruire en détail, ou les forcer

à

à s'affocier de leur côté. Bientôt auffi nous allons voir de proche en proche, cent familles ifolées, averties par les premières attaques, fe ferrer, fe groupper pour faire équilibre; & chacun de ces corps s'étendra en tous fens, à raifon du terrein où le hafard l'aura placé, à raifon des limites que lui aura donné la nature, ou de celles que lui oppofera la réfiftance des autres peuplades déjà formées. (n. 15.)

Bientôt le temps & les événemens viendront feconder ces différences locales, pour établir entre les nations, la même inégalité de forces ou de richeffes, que les premiers pas vers la fociété ont déjà mife entre les individus. D'un pays où la population fera furabondante, fortiront des effaims qui iront porter l'induftrie & l'activité fur des contrées défertes, ou qui iront ravager d'autres terreins déjà enrichis par les arts.

Ici vont reparaître encore les grands effets de la différence des *climats*, & celle des peuples policés aux peuples barbares. Nous retrouverons ces différences dans les

D

migrations, les invaſions, les guerres &
les conquêtes des uns & des autres, dans
la formation, l'accroiſſement & la diſſolution
des Empires, enfin, dans toutes les parties
du droit des nations, toujours appellé *le
droit des gens.*

Nous verrons conſtamment les grands
déplacemens des nations du nord au midi;
les ſociétés politiques ſe développer, s'in-
corporer & s'étendre preſque inſenſiblement de l'eſt à l'oueſt; & le lent ouvrage
des ſiècles & des lumières détruit en un
jour, par les débordemens des peuples
ſeptentrionaux, reſtés preſque ſauvages, &
barbares témoins de leurs progrès.

Choc des Nations. Accroiſſement des Empires. On peut, en parcourant les premiers
temps de l'hiſtoire, obſerver chez les peu-
ples vivans ſous la même latitude, avec
les mêmes beſoins, jouiſſans des mêmes
arts & de la même induſtrie, fixés par des
loix à peu-près ſemblables, comment une
lente & ſourde fermentation altére & rompt
inſenſiblement l'équilibre; comment tel peuple favoriſé par les circonſtances, exalté
par l'orgueil ou l'énergie de ſes chefs, ou

le reffort des loix, agit en tous fens, gagne du côté où il trouve moins de réfiftance, profite de la faibleffe de fes voifins, pour les foumettre; comment enfin, après avoir acquis une prépondérance marquée, il engloutit rapidement tout ce qui l'entoure, & s'étend, pour ainfi dire, avec une vîteffe accélérée.

Les premiers monumens de l'hiftoire nous offrent quelques grands empires, déjà formés fur les bords du *Nil* ou de *l'Euphrate*, mais nous donnent peu de lumières fur leur origine.

L'époque la plus brillante de la *Grèce*, eft celle où on la voit divifée encore en petites républiques, indépendantes & plus ou moins libres. Bientôt un grand intérêt, un péril commun les raffemble, réunit leurs forces, & fait de tant de membres épars un feul corps, capable d'arrêter le choc d'un ennemi puiffant, prêt à les écrafer. Mais la divifion fuit bientôt leurs fuccès; les rivalités de Sparte & d'Athênes affai-bliffent l'union & les refforts de ce corps impofant, & le livrent en détail à un

ennemi bien moins formidable en apparence, & beaucoup plus dangereux en effet.
Du haut de fes montagnes arides, un
Monarque inconnu obferve tous leurs mouvemens, & épie le moment de paraître. Il
fomente fourdement leurs divifions, foufle
au loin la difcorde, s'approche par degrés,
& parlant & agiffant tour à tour en maître
ou en médiateur, oppofe fes ennemis à
fes ennemis, les détruit les uns par les
autres, foudoie par-tout des efpions &
des traîtres, peu à peu faifit les refforts
de tous les gouvernemens, change les
formes, fubftitue des tyrans aux loix, fait
faire à chaque peuple féparément, l'appren-
tiffage de la fervitude, fe fait placer enfin
à la tête d'une confédération diffoute, ne
rétablit l'unité qu'avec l'efclavage, & devient l'âme & le tyran de la Grèce.

Mais voyez *Alexandre* (*a*), profitant des
moyens lentement réunis par la politique
de fon père, & obfervez la différence de
leurs fortunes. Voyez le fils d'un négocia-

______

(*a*) L. X, Ch. XIV.

teur, s'avançant fièrement à la tête d'une armée aguerrie, parcourant en voyageur de vastes contrées, foulant & renversant les trônes de l'Asie & de l'Afrique, fondant sur leurs débris un vaste empire, dont la mort vient lui ôter les rênes. Cet édifice si rapidement élevé par la fortune & le génie des conquêtes, n'ayant pu être consolidé par le temps, ne peut survivre à son hardi fondateur; &, abandonné par lui, il se divise, tombe, & se dissout comme de lui-même.

Plus près de nous, MONTESQUIEU nous montre un autre empire, ouvrage lent de la constance la plus inaltérable, & de la politique la plus profonde. Un peuple de proscrits, s'élevant comme un point sur les bords du Tibre, combattant long-temps pour son existence, subjuguant ses voisins, dominant l'Italie après cinq siècles de travaux; de ce moment élevant une tête superbe, s'avançant à grands pas à la domination universelle, attaquant au loin tout ce qui avait un air de rivalité, dissimulant les affronts, choisissant le temps de la vengeance, & ne faifant la paix qu'après des victoires, abattant ou défarmant toutes les puiffances, fe mêlant à toutes les querelles, fecourant le faible pour humilier un ennemi plus fort, protégeant les uns, combattant les autres, & réuffiffant également par ces deux moyens, à tout fubjuguer; réglant tous les états, ôtant & diftribuant les couronnes, donnant enfin des loix à la moitié du monde connu; tel eft le phénomène politique le plus étonnant, qui foit configné dans les annales des nations, tel eft le tableau que traça MONTESQUIEU, dans un écrit féparé (*a*) qui précéda fon grand ouvrage, écrit qui contient une des portions les plus importantes de la grande hiftoire du genre-humain, dont *l'Efprit des loix* offre tant d'autres branches non moins importantes.

Sans doute le problème de cette prodigieufe élévation était bien plus difficile à expliquer que la décadence qui l'a fuivie. Arrivé depuis long-temps au-delà des limites

______

(*a*) *Confidérations fur la grandeur & la décadence des Romains.*

que peuvent embraffer la force & l'intelligence humaine , néceffairement divifé par
fa feule étendue, toujours en proie à de
nouvelles factions, déchiré par les feuls
hommes qui puffent le défendre, comment
ce vafte corps eut-il réfifté à la fois aux
coups du temps, aux progrès de la corruption, & aux chocs répétés des Barbares ?
Comment ces maîtres du monde euffent-ils
pu éviter la vengeance de tant de nations,
humiliées & opprimées tour à tour par leurs
Généraux & leurs Préteurs, échapper enfin
à la haine de tant d'ennemis étrangers ou
domeftiques, qui l'attaquèrent de tous les
côtés en même-temps ?... Certainement ce
n'eft pas la chûte de ce coloffe qu'il faut
expliquer, & c'eft plutôt encore le prodige
de fa maffe & de fa folidité qu'il faut admirer dans une réfiftance de trois ou quatre
fiècles.

Tandis que fous une zone fortunée, les
hommes fe multiplient, fe preffent & s'agitent, qu'ils emploient une partie de leur
temps & de leur activité à féconder &
embellir leur domaine, une autre à s'entre-

détruire, qu'ils se disputent long-temps de petits coins de terre, arrosés tour à tour de leurs sueurs ou de leur sang; tandis que ces nations sédentaires augmentent à la fois leurs lumières & leurs richesses, se corrompent en s'éclairant, & s'affaiblissent en augmentant leurs ressources., sur les hauteurs du même continent, sur les plaines élevées de l'Asie, ou dans les vastes forêts du nord de l'Europe, circule une autre race d'hommes plus robustes, accoutumés à lutter contre la nature & contre le besoin, se heurtant ou se repoussant, s'avançant & refluant comme les flots de la mer, ou, comme les nuages, qui, poussés par les vents, se croisent dans les airs, s'unissent & se divisent tour à tour.

De siècle en siècle, ces hordes barbares, attirées par les richesses d'une terre plus féconde & d'un climat plus doux, s'échappent par torrens, franchissent leurs montagnes, renversent les barrières que leur oppose une vaine & timide industrie, s'avancent comme l'incendie, marquant par la dévastation, semant de débris leur passage,

& s'emparent fous différens noms, & à
divers intervalles des trônes de la *Chine*, de Note 16.
l'Inde & de la *Perfe*. D'autres hordes fe
précipitent vers le nord de l'Europe, preffent & chaffent devant elles des nations
également barbares, & toutes à la fois
viennent fondre fur l'empire Romain ,
chancelant, ébranlé, déchiré de toute part,
& que fon propre poids allait abattre.

Après un inftant de calme, une autre
nation inconnue jufque-là, ayant à peu-
près, fous un climat très-différent, les mêmes
mœurs & les mêmes habitudes, part d'un
point oppofé, croît & groffit en avançant,
& avec des forces exaltées & doublées par
le fanatifme, femble vouloir repouffer dans
leurs antiques forêts, les conquérans du
nord; ébranle cette maffe déjà confolidée
par le temps, fait un inftant équilibre,
s'arrête au pied des montagnes des *Afturies*,
des *Alpes* & du *Taurus*, &, repouffée en
France par *Charles-Martel*, foutient quelques
fiècles après, les efforts de toute l'Europe
devenue chrétienne, & qui reflue fur elle
à fon tour.... Mais dans cette contrée

même, qui fut le théâtre de leurs fuccès rapides, l'afcendant de la Barbarie l'a emporté plus vîte encore. De nouveaux Tartares fous le nom de *Turcs*, defcendus du Caucafe, ont renverfé l'empire des *Califes*, dont ils ont pris le culte; &, devenus *Mufulmans*, ils portent les derniers coups à l'empire d'Orient & à l'églife Grecque.

Tels font à peu-près les plus grands réfultats de l'action réciproque & du choc des fociétés difperfées fur la terre, oppofées par le feul rapprochement & armées tour à tour par le befoin ou l'ambition.

Droit de la Guerre. En fuivant ces mouvemens violens & ces révolutions fanglantes, tous ces combats de nations affamées de carnage, a-t'on été tenté de répéter quelquefois les noms de *loix*, de *droit* & de *juftice*? Quel homme a efpéré le premier, faire entendre la voix de l'humanité au milieu des batailles, & voulu donner un frein à la force, des règles à la fureur?

Quels ont dû être & quels ont été les effets de ces chocs épouvantables, qui par intervalles ont englouti les générations?

Quels font après la victoire, les droits des vainqueurs & des vaincus ? Quel espoir doit rester à ceux que la mort a épargnés ? Quelle sera sur eux toute l'étendue du droit de la force ? N'a-t'on pas trop insulté au genre-humain, quand on a parlé *du droit d'esclavage*, ou *du droit de conquête* (a) ?

Sur le premier point que Montesquieu a daigné à peine discuter sérieusement, il a dit à peu-près en quatre pages, tout ce qu'on pouvait dire (b).

Quant au second, les principes & le droit font peut-être un peu plus embarrassans, mais beaucoup moins que les faits.

Rarement une nation a été assez affaiblie par l'événement d'une ou de plusieurs batailles, par la dispersion de ses défenseurs ou de ses chefs, pour être obligée de se rendre sans condition, & de subir sans restriction la loi du vainqueur. Parmi les monumens de la fureur guerrière, si nous voyons les *Ilotes* esclaves, les *Guebres* & les

(a) L. XV.

(b) L. X, *des Loix, dans le rapport qu'elles ont avec la force offensive.*

Juifs difperfés, les *Saxons* tranfplantés, les *Indiens* enchaînés & étouffés dans les mines, après avoir échappé au glaive & aux fupplices, ces exemples font les feuls à peu-près où toutes les loix & tous les droits, aient été fi ouvertement violés.

Dans toutes les autres occafions, les droits confervés par les vaincus, ont dû être toujours en proportion des forces qu'aura pu leur laiffer leur défaite. Quelquefois la difperfion d'une armée, la mort d'un général ou d'un monarque, n'a produit d'autres effets que le changement de maître, & n'a apporté aucune altération dans les loix, les ufages & dans la condition du peuple fubjugué.

Les Romains prefque toujours, laiffaient à leurs ennemis vaincus, leurs loix & leurs formes de gouvernement, & ne fe réfervaient fouvent que le droit de nommer les Magiftrats des Villes municipales ou des Républiques, ou de régler les prétentions à la couronne dans les monarchies. Quelquefois même ils ne croyaient pas avoir befoin de déplacer les chefs; ils fe bornaient à leur impofer quelques tributs, ou leur liaient les mains, & leur ôtaient, en les défarmant, le droit d'attaquer & même celui de fe défendre.

Les premières troupes de Barbares qui franchirent les barrières de cet empire, fe contentaient de piller les peuples des provinces, de rançonner les gouverneurs, & fe retiraient avec des provifions, des efclaves & de l'or.

Les *Goths*, les *Vandales*, les *Francs*, que ces premiers fuccès attirèrent, réuffirent à chaffer les magiftrats & les troupes romaines, & s'emparèrent du domaine & du pouvoir public.

De tous les événemens, de toutes les révolutions qui ont changé la face du globe, il n'en eft pas fans doute, qui ait produit des effets auffi compliqués, auffi bizarres.

C'eft de ce mélange de nations policées & de nations prefque fauvages, de foldats farouches & d'efclaves avilis, qui apportèrent fucceffivement fur le même fol, leur efprit d'indépendance ou de fervitude, leurs ufages différens & leurs mœurs difpa-

Réfultats du mêlange des peuples du nord, avec ceux du midi.

rates, c'eſt de cette bigarure de formes
militaires & civiles, c'eſt de la réunion ou
de la confuſion inſenſible de tant de loix,
qui a ſuivi progreſſivement la confuſion des
races, c'eſt enfin des combats & des ſuccès
variés de l'*ariſtocratie*, de l'*anarchie* & du
deſpotiſme, qu'ont réſulté dans cette partie
de l'Europe ſi ſouvent conquiſe, ce cahos
du droit & du gouvernement *féodal*, réduit
en France, à ſi peu de choſe, conſervé dans
toute ſa complication en *Allemagne*, en
Pologne, & dont on a retrouvé les élémens
& toute la ſimplicité primitive chez les
Note 17. *Tartares* conquérans, indépendans ou tri-
butaires de l'Europe & de l'Aſie.

C'eſt auſſi la complication de ce ſyſtême
qui a, ſur-tout depuis un ſiècle, excité la
patience & la ſagacité de tant de ſavans
d'Allemagne, de France, & en dernier lieu
d'Angleterre. Mais de tant d'écrivains plus
ou moins laborieux, lumineux ou inſtruits,
qui ont tenté de débrouiller ce cahos, il
n'en eſt certainement pas qui y ait jeté
Note 18. plus de jour que l'auteur de *l'Eſprit des loix*.
Ce grand homme avait ſans doute complété

cet immenfe travail dans cette hiftoire de Louis XI, anéantie par un hafard fi fatal, & dont la perte était fi difficile à réparer. (n. 19.)

Le genre-humain n'aurait-il confervé que le fouvenir de fes défaftres & les monumens de fes fureurs ? Les annales des fiècles paffés ne feraient-elles utiles qu'à confoler les peuples toujours gémiffans, par le tableau de temps plus malheureux ? Les hommes & les nations ne fe font-ils dans tous les temps, déplacés que pour ravager ? Ne fe font-ils jamais connus ou réunis que pour enfanglanter la terre, & travailler de concert au malheur commun ? Parmi tant de débris, ne pourrions-nous diftinguer quelques traces des progrès de l'homme vers un état plus calme, & dans le rapprochement de fes fuccès, trouver l'efpoir d'un fort plus heureux ? Si quelque branche de l'hiftoire peut nous offrir quelques-uns de ces objets confolans, c'eft fans doute celle des arts & du commerce.

Dès la première époque de la population & des fociétés naiffantes, la diftribution du

Arts &
Commer-
ce.

travail, le partage des fonds, les premiers
effais de l'agriculture, la féparation & la
fubdivifion des arts, ouvrirent néceffairement des échanges entre les familles les
plus voifines. Les befoins communs établi-
rent des rapports fuivis entre l'habitant de
la montagne & celui de la plaine, entre le
Vigneron & le *Laboureur*, le *Chaffeur* & le
Pâtre, & fucceffivement entre ceux-ci & le
Tifferand, le *Charpentier*, le *Forgeron*, &c.
Ainfi le commerce foutint & étendit la communication des familles, & fubftitua d'autres
liens, celui de l'intérêt aux liens affaiblis
du fang & de l'habitude.

Ces rapports, ces communications fuivirent la marche, le développement & les
progrès des arts utiles ou des arts de luxe ;
ils fuivirent auffi l'accroiffement des corps
politiques, & rapprochèrent quelquefois,
des nations qui ne s'étaient encore connues
que pour fe combattre. L'invention des fignes
pour toutes les valeurs & tous les objets
d'échange, facilita, agrandit les opérations
& multiplia toutes les branches du commerce.

II

Il faut suivre dans l'*Esprit des loix* (a), cette marche générale, déterminée encore par la différence des befoins & des productions du midi au nord, plus ou moins favorifée ou retardée par les circonftances locales, fecondée par des hafards heureux, ou reculée par les fureurs des guerres ; il faut y fuivre les progrès & la communication de l'induftrie, des lumières & des arts, & le tableau rapide des événemens qui les ont dirigés, depuis les tentatives des premiers navigateurs *Phéniciens*, *Carthaginois* ou *Grecs*, jufqu'à cette époque mémorable du XV.e fiècle, où la terre parut s'agrandir en tous fens, où les limites de la population & du domaine de l'homme, fixées par l'ignorance au tropique feptentrional, furent reculées jufqu'aux extrémités de l'autre hémifphère ; où *Gama* & *Colomb*, femblèrent ajouter deux nouveaux mondes, à l'ancien monde connu.

C'eft de cet inftant que le commerce, étendant fes fpéculations fur tous les points du globe, d'un coup d'œil embraffa tous les climats, parcourut toutes les contrées,

____

(a) L. XX, XXI & XXII.

E

rapprocha tous les peuples , diminua les diftances, & parut quelquefois ne faire de tout le genre humain qu'une vafte famille... Et tel ferait en effet le dernier terme de la civilifation, le dernier produit des fociétés & le dernier effort de la raifon humaine.

Tels font les véritables progrès de notre efpèce, tels font les fuccès réels de l'homme & fes véritables conquêtes. Arrêtons-nous un inftant, jetons un coup d'œil en arrière , & jouiffons du fpeatacle impofant que ce point de vue nous préfente.

Réfumé. L'efpèce humaine en fe multipliant , a étendu , fécondé fon domaine, & multiplié fes richeffes. Elle a doublé par l'induftrie l'immenfe fond que lui avait affigné la nature. Des opérations fuivies, une aativité conftante , ont enfin rendu communes à tous les climats, les jouiffances qui femblaient accordées exclufivement à chacun d'eux. L'homme a également étonné par les conquêtes de la patience, & les prodiges du génie. Il a créé, perfeaionné les arts, il a levé en partie le voile de la nature, & fubjugué enfin tous les élémens. Pendant

trente siècles il semble avoir déployé toute
son intelligence & toutes ses forces, pour
améliorer sa condition , & rassembler tous
les moyens de bonheur. — Mais dans cet
intervalle que l'œil mesure avec effroi, que
d'espaces couverts de ténébres ! que de
momens perdus dans la barbarie, l'erreur ou
l'ignorance ! par combien d'écarts, de folies,
de fureurs, l'homme a été retardé dans sa
course , & éloigné de son but ! que de
talens il a tournés contre lui-même ! combien de forces employées à s'entr'égorger !
que de nations englouties & disparues de
la terre , avant d'avoir pu saisir une situa-
tion fixe & tranquille , avant d'être parve-
nues à établir des loix sages & une constitution raisonnable ! que de générations
évanouies dans l'attente du bonheur !

C'est en se rapprochant , en se communiquant, c'est en réunissant leurs vues, leurs
lumières & leurs efforts, c'est par la société
enfin , qu'une partie des peuples modernes ,
sortis à peine de la barbarie , sont parve-
nues au degré de puissance & de supériorité
qui les distingue. Mais à côté du bien que

l'homme a fait à l'homme , quelles fanglantes images , quels tableaux effrayans !
les convulfions & le fracas des guerres, le
filence & le repos plus affreux du defpotifme , le délire des fpéculations dangereufes
ou inutiles, l'abfurde tyrannie des opinions
& de l'habitude , les fureurs des nations ,
les paffions ou les méprifes des chefs , la
cruauté ou les erreurs des loix , tels font les
fléaux qui ont défolé fi fouvent la malheureufe humanité , & retardé fi long-temps
fes progrès.

N'eft-il pas temps que l'homme enfin ,
profite de l'expérience de trente fiècles ,
qu'il s'éclaire par fes méprifes, & recueille
s'il fe peut, le fruit de fes malheurs?

Après avoir parcouru avec effroi , la
déplorable hiftoire de nos aïeux , trouvons-
nous du moins dans notre pofition, quelques
motifs de confiance ? Nous applaudirons-
nous comme MONTESQUIEU , de nous
trouver en ce moment fur la terre, & de
faire partie de la génération actuelle ?

Si dans cette longue fuite de fermentations, de convulfions , nous avons apperçu

de loin en loin , quelques intervalles de repos, quelques momens de calme , à quelle époque croirons-nous qu'il fût plus permis de rêver, d'efpérer le bonheur , & plus aifé de le réalifer ?

Au moment où l'Europe , après avoir effuyé le choc des barbares du nord & des conquérans du midi, épuifée de fes longues & malheureufes migrations, commençait à refpirer; lorfque le peuple fe relevait enfin d'une longue humiliation, & que la liberté renaiffante, ranimait par-tout l'activité & l'induftrie, en ce moment des tentatives hardies, des découvertes étonnantes, ont donné une nouvelle impulfion aux efprits, l'univers s'eft agrandi, les idées fe font élevées, toutes les nations en fe rapprochant fe font mutuellement éclairées. Mais ces premiers traits de lumière devaient produire un vafte embrafement; à la même époque fe réveilla avec fureur, cette lutte éternelle de l'ignorance & de la raifon, de l'habitude & des préjugés. contre l'expérience, du fanatifme aveugle & féroce contre la gémif- fante humanité , enfin, cette longue fermentation, ces explofions terribles, dont notre fiècle a reffenti les dernières fe-couffes.

Cette crife de l'efprit humain ne femble-t'elle pas enfin la dernière ? Nous refterait-il encore quelques épreuves à fubir ? N'avons-nous pas bientôt épuifé tous les malheurs, toutes les erreurs, toutes les folies ? Tant de difcuffions & de querelles n'auront-elles pas produit quelques fentimens modérés, quelques vérités utiles ?... O fublime *raifon*, tant prônée & tant décriée fous le nom de *Philofophie*, vas-tu régner enfin fans con-tradiction, fur une efpèce d'êtres raifon-nables ? ....

S'il ne nous eft pas tout-à-fait permis de tant efpérer, au moins ne femble-t'il plus qu'elle puiffe être encore déformais forcée de rétrograder. Nous n'avons plus à redouter fans doute, ces grandes révolutions, ces fecouffes politiques, qui plufieurs fois ont changé la face du globe, & ramené par-tout le cahos. Après tant de mouvemens les nations femblent avoir pris enfin une affiette plus fixe & plus tranquille. Le *nord*

de l'Europe, si long-temps barbare, a reçu
la lumière, & ses habitans, fixés chez eux
par les arts & l'abondance, ne laissent plus
à craindre ces anciens débordemens qui ont
tant de fois effrayé le midi. Cette portion
plus anciennement éclairée, déchirée long-
temps en détail, accablée, écrasée long-
temps aussi sous le poids d'une seule puissance, a vu des débris de ce vaste corps,
se former toutes les souverainetés modernes,
trop peu multipliées, pour que les guerres
soient désormais aussi fréquentes, assez étendues pour résister par leur masse à tous les
ébranlemens, mais en même-temps assez
circonscrites pour que tous les points en
soient éclairés à la fois par une même admi-
nistration. D'un autre côté, une communication suivie, des négociations constantes
ont lié entr'elles tant de puissances. Point
de mouvement particulier qui ne se com-
munique au loin, & dont les parties les
plus distantes ne soient bientôt averties ;
toutes se connaissent, toutes se surveillent ;
la solidité des plus grands corps contient
& protége les puissances plus faibles placées

dans les intervalles ; tout eſt en équilibre, & le même calme s'eſt communiqué aux eſprits.

Sur cet autre hémiſphère, ſi long-temps déſolé par notre avidité & nos fureurs, un peuple ſage & courageux, vient d'ouvrir un aſyle à la liberté ; & offrant, avec toute l'énergie des nations naiſſantes, une conſtitution mûrie avec toute la ſageſſe d'un ſiècle de lumières, va fixer à ſon tour, les regards des nations de l'ancien monde, & leur donner l'exemple de l'activité, de la modération, de l'induſtrie & des mœurs.

N'eſt-ce pas le moment où toutes les puiſſances peuvent s'occuper efficacement du bonheur des peuples ? Et tout ne ſemble-t'il pas préparé pour la plus heureuſe révolution ? Dégoûtée enfin des ſpéculations puériles, ridicules ou dangereuſes, la raiſon ſemble avoir pris une direction plus ſage. La curioſité générale, l'inquiétude & l'activité Européenne, ſont excluſivement dirigées vers les objets utiles. Les hommes aſſemblés ont commencé à s'occuper de leur bonheur commun. Toutes les inſtitutions ont été foumifes à l'examen. Tous les monumens, ou toutes les ruines antiques, ont été éclairées par le génie; la difcuffion a fait jaillir & femé par-tout la lumière. Les maîtres du monde font avertis, les befoins & les vœux des peuples leur font connus; ceux-ci font plus inftruits de leurs véritables intérêts; l'exécution du bien eft facilitée, les efprits font préparés, toutes les routes font ouvertes, il n'y a plus qu'à vouloir ..... Pourquoi n'oferions - nous efpérer?

En m'abandonnant à ces rêves fi doux, à ces efpérances confolantes, me fuis-je donc éloigné de mon fujet? Ai-je perdu de vue le grand homme, dont, malgré ma faibleffe, j'ai voulu auffi parer la tombe & honorer les mânes? Des vœux pour le Note 22. bonheur du genre humain, feraient-ils étrangers à l'éloge de celui qui en fît l'objet de fes travaux, de fes méditations conftantes? Non fans doute; & fi je voulais rapprocher, & compter les tentatives nouvelles, les heureux effais qui femblent garantir aux nations, tant de promeffes pour l'avenir, je ne ferais qu'indiquer encore les fruits de ſes veilles , & ſes droits à la reconnaiſ-ſance publique.

Influence
des grands
Ecrivains,
& en par-
ticulier de
MONTES-
QUIEU.

C'eſt ici le lieu d'examiner peut-être , la véritable influence des grands hommes , ſur le ſort des peuples , de calculer l'effet des lumières & des vérités qu'ils répan-dent , de meſurer en quelque ſorte les forces , & d'apprécier les bienfaits du génie.

Sans doute le cours des âges, la réunion des efforts & des expériences , & l'inviſible pouvoir qui dirige les temps, les événe-mens & les hommes, doivent en renouvel-lant de ſiècle en ſiècle la face de la terre , amener auſſi quelquefois des intervalles de bonheur. Mais lors qu'après tant de com-binaiſons malheureuſes , les révolutions ſemblent offrir un ordre de choſes plus favorable à l'humanité, n'eſt-il pas toujours quelques mortels à qui il faille ſur-tout rendre grâces. Dans des temps orageux , un ſeul homme, une âme noble & ferme a quelquefois conjuré les tempêtes , s'eſt oppoſée au torrent qui allait engloutir un état ébranlé , & a ſuffi pour empêcher ou retarder fa chûte. Ces grandes occafions qui développent toutes les facultés humaines, & montrent dans quelques individus, toute la force & le pouvoir de l'homme, ces occafions heureufement font peu fréquentes. Mais l'influence du génie qui éclaire, pour être moins prompte & plus paifible, n'en eft pas pour cela moins bienfaifante ni moins fûre.

Au milieu des grands ou des petits mouvemens qui agitent les individus & les nations, s'accroît lentement & dans le filence le dépôt des connaiffances humaines. Dans le petit nombre d'hommes qui s'intéreffent réellement à leurs progrès, un plus petit nombre y ajoute le fruit de fes veilles, & chaque fcience fe forme ainfi de ces dépôts fucceffifs.

A de grands intervalles s'éleve un homme fupérieur, qui embraffant à la fois & d'un coup d'œil, toutes les richeffes accumulées par les fiècles, entrevoit de nouvelles routes, montre un plus vafte efpace à parcourir, & donnant une forte & rapide impulfion à tous les efprits, fixe fur lui-

même & sur l'objet de ses travaux, l'atten-
tion générale.

Note 22.   Tels dans l'autre siècle, *Descartes*, *Newton*,
Leibnitz, après avoir brisé les longues entraves de l'esprit humain, & augmenté ses
forces par l'invention d'une langue nouvelle, ajoutant au petit nombre de faits
bien constatés avant eux, commencèrent à
deviner la grande architecture de l'univers.
Tel *Buffon*, dans celui-ci, déployant à nos
yeux toutes les richesses & les bienfaits de
la nature, nous offrit un tableau vaste, su-
blime & varié comme son modèle; tel, à
force d'imagination, d'énergie & d'éloquence, *Rousseau*, parut presque avoir
assisté à la première association du genre
humain, en avoir retrouvé les premières
clauses & recréé en quelque sorte les principes éternels de la morale. Tel avant eux,
MONTESQUIEU, observant les modifications
& les progrès de l'homme social, & rapprochant les titres & les monumens de toutes
les nations, a peint les différens âges, &
les révolutions du monde politique.

Note 23.   D'autres écrivains plus ou moins célébres

ont plus ou moins contribué à préparer les esprits à cette grande étude de l'homme, que l'on fut étonné de trouver si peu avancée & presque si neuve. Mais celui qui fit les premiers pas, à qui l'on peut reprocher le moins de distractions & d'écarts, celui qui marcha le plus constamment vers son but, & dont les travaux peut-être feront le plus long-temps & le plus réellement utiles, est sans doute, l'auteur de *l'Esprit des loix*. Loin de nous la pensée de juger le génie, ou de classer les grands hommes. Mais que ne doivent pas toutes les nations à l'écrivain immortel, qui a porté un esprit si vaste & si élevé, tant de forces & de lumières, sur une science à laquelle toutes les autres semblent devoir être subordonnées, la science du bonheur ?

Dans quels temps, dans quelles circonstances, le génie d'un seul homme, peut-il être le plus utile aux hommes ? A quelles époques ou dans quelles positions, doit s'étendre le plus loin l'influence & l'ascendant d'un esprit supérieur ?... Gardons-nous de rabaisser, en les comparant, les travaux du fage ifolé, qui cherche & voit le bien, ou ceux de l'homme prudent & courageux, qui l'exécute; le profond obfervateur qui rapprochant l'expérience de tous les peuples, étudiant l'organifation & calculant le jeu de tous les corps politiques, en indique les défauts & les remèdes; ou l'homme qui, placé par hafard à la tête de l'une de ces grandes machines, en fait mouvoir un inftant les refforts, & leur imprime une direction qui va être changée par une autre main. Mais qui n'a pas quelquefois, défiré MONTESQUIEU à la tête d'un confeil de légiflation? Que n'eût point fait ce grand homme avec la fupériorité de lumières, la fenfibilité & la nobleffe, la fermeté d'âme & la modération de principes, que toute fa conduite a prouvées & que refpirent fes écrits? Cependant avant de lui fouhaiter une autre place, il faudra avoir bien apprécié l'utilité & l'influence d'un dépôt de vérités grandes & précieufes, d'un ouvrage enfin, tel que *l'Efprit des loix.*

La naiffance ou les talens, le hafard ou l'intrigue, élèvent aux premiers rôles, dix hommes médiocres pour un homme vraiment digne de sa place. Les tentatives & les erreurs se multiplient, les hommes & les projets se succèdent, une seule méprise est ressentie par plusieurs générations, quelques espérances brillent par intervalles, & le malheur continue de peser presque sans interruption sur les peuples. Mais le génie libre & sans entraves, élancé de la sphère où tant de liens arrêtaient son essor & comprimaient son cœur, s'élève & plane sur cette fourmilière dispersée d'êtres intelligens & sensibles; sa vue perce l'avenir, devance le cours si lent & si rapide du temps & de l'expérience; il apperçoit & montre le but, trace la route, épargne aux nations ou à leurs chefs, toutes les erreurs & les fausses démarches qui peuvent les en éloigner, & les retarder de plusieurs siècles. Ses sublimes leçons deviennent la méditation de tous les esprits actifs; les hommes destinés aux grandes places, y arrivent nourris de grandes pensées & de vues bienfaisantes; le même esprit se propage bientôt autour d'eux; & leur zèle pour le bien, &

celui qu'ils opèrent, & la facilité qu'ils y trouvent, font encore les bienfaits du philofophe ifolé, qui, fans ambition, fans autre paffion que l'amour de fes femblables, a médité dans le filence fur les moyens de diminuer leurs maux.

Non fans doute, les travaux du génie ne feront pas perdus; tant d'efpérances, tant de vœux & de fi beaux rêves ne feront pas trompés; & nous avons déjà fenti les premiers effets de cette tendance générale vers le but le plus important. L'impulfion donnée par MONTESQUIEU, à tous les bons efprits s'eft communiquée aux gouvernemens. Ce grand homme a vu lui-même les premiers fruits de fes méditations fublimes, & il s'eft endormi fans doute dans des idées confolantes. A la fin d'une vie confacrée aux travaux les plus nobles, & trop fouvent troublée par l'impreffion de ces tracafferies & de ces injuftices qui femblent éternellement réfervées au génie, il a pu fe dire : j'ai contribué pour quelque chofe au bonheur de mes femblables; &, affligé fi long-temps de leurs

erreurs,

erreurs, je leur laisse au moins l'espérance d'un sort plus heureux.

Tout en effet semble la justifier; & de tous les événemens qui depuis ont encouragé & consolé les nations, il n'en est pas un peut-être, qui ne rappelle les travaux de MONTESQUIEU, & qui ne soit un hommage à sa mémoire. Si *Catherine*, si *Fréderic*, si les illustres fils d'une autre impératrice célébre, ont déployé sur des théâtres plus ou moins vastes, des vues également actives & bienfaisantes; si des loix simples & claires, si les institutions les plus humaines & les plus sages, ont achevé de lier ensemble toutes les parties d'un vaste empire presque créé de nos jours, par le génie d'un seul homme; si l'agriculture, le commerce & les arts renaissent à la fois dans d'autres pays, long-temps désolés par la guerre; si d'heureuses réformes, si les opérations les plus désirées, conduites avec autant de fermeté que de prudence, ont préparé d'autres peuples à une régénération totale; enfin, si toutes les parties de l'Europe semblent recueillir à la

fois les premiers fruits d'un siècle d'obfervations , de difcuffions , de vérités nouvelles ; fi des foins bienfaifans prodigués
parmi nous aux malheureufes victimes
de la nature ou de la fociété , fi la prof-
cription d'une fervitude humiliante & d'une
barbarie plus atroce & plus abfurde encore ,

Note 24. annoncent enfin à la nation la plus douce de
l'univers , un *code criminel* où feront conciliés
fous tous les points de vue , la fûreté perfonnelle & la fûreté publique , un code qui doit
fatisfaire à la fois la juftice & l'humanité ; n'en
doutons point, c'eft MONTESQUIEU qui a inf-
piré les légiflateurs & les pères des peuples ,
c'eft fon génie qui a échauffé leurs âmes , &
préfidé à leurs confeils ; ce font fes réclamations & celles de tous les bons efprits,
de toutes les âmes fenfibles qui ont pro-
curé à l'humanité ces confolations. C'eft
dans les écrits de MONTESQUIEU, que les
hommes d'état & les légiflateurs puiferont
déformais cet art fublime , de réunir & de
refferrer tous les intérêts ; de diriger au
même but tous les mouvemens ; de foute-
nir les mœurs par les loix & de fuppléer

aux loix par les mœurs ; de commander
à la fois aux opinions & aux paffions, &
de foumettre les unes par les autres ; de
faifir la convenance des lieux & des temps,
de proportionner les efforts aux réfiftances
& d'employer pour le bien, les moyens
les moins violens, les refforts les moins
dangereux. C'eft là qu'ils puiferont fur-tout,
cet efprit de modération & ce refpect
pour les droits de l'homme, qui, effaçant
enfin ces dernières traces d'ancienne féro-
cité, qui deshonorent encore quelques codes
modernes, acheveront de proportionner
par-tout la douceur des loix à la douceur des mœurs. Ainfi les leçons de
MONTESQUIEU, éclaireront plufieurs fiècles.
Ainfi fe réalifera ce titre fublime, que déjà
l'Europe lui a déféré, celui de LÉGISLATEUR
DES NATIONS (n. 25.)

NOTES.

1. C*Harles de Secondat , Baron de la Brede & de Mon-tefquieu* , naquit au château de la Brede , près de Bordeaux , le 18 Janvier 1689 , d'une famille déjà illuftre dans la Robe & dans les Armes.

Confeiller au Parlement de Bordeaux en 1714 ; Préfident à Mortier en 1716 , & reçu la même année à l'Académie de cette Ville , dont il contribua le plus à diriger les travaux vers les objets d'utilité , il donna en 1721 les *Lettres Perfannes* , vendit fa Charge en 1727 , fut reçu l'année fuivante à l'Aca-démie Françaife , partit bientôt après , & parcourut l'*Allemagne , la Hongrie , l'Italie , la Suiffe , la Hollande & l'Angleterre.* De retour en France en 1732 , il publia en 1734 fes *Confidérations fur la grandeur & la déca-dence des Romains* , & donna enfin la première édition de l'*Efprit des Loix* en 1749.

Voilà à peu près fur MONTESQUIEU , ce que ne nous apprennent pas fes Ouvrages. On trouvera quel-ques détails fur fa vie privée dans les éloges faits par d'*Alembert* & *Maupertuis* , & fur-tout dans les Lettres familières écrites par MONTESQUIEU à quel-ques amis , & dont on a fait un recueil trop incomplet.

—

2. Ceci n'eft point un tableau idéal. Voici ce que MONTESQUIEU écrivait à l'un de fes amis au mo-ment où l'*Efprit des Loix* paraiffait :

» Au fortir du collége , on me mit dans les mains
» des livres de Droit; j'en cherchai l'efprit: j'ai
» travaillé , je ne fefais rien qui vaille. Il y a vingt
« ans que je découvris mes principes, ils font très-
» fimples. Un autre qui eut autant travaillé que
» moi, &c.

———

3. Quelqu'importance qu'il pût mettre aux nobles
fonctions qu'il avait fi dignement remplies, Montesquieu reconnut fans doute qu'il ferait bien plus
aifément remplacé comme juge que comme légiflateur. Subjugué par l'attrait des grandes vérités qu'il
avait entrevues , entraîné, dominé par le défir de
contribuer au bonheur des hommes, il choifit la
route où il crut pouvoir leur être plus utile. Se
ferait-il trompé ? Qui ofera le dire après avoir lu
l'*Efprit des Loix* ?

Au refte , fur l'idée que Montesquieu s'était faite
des devoirs d'un Magiftrat, on peut confulter un
difcours prononcé à une rentrée du Parlement de
Bordeaux, imprimé dans quelques éditions de fes
Œuvres.

———

4. Celui qui ferait tenté de répéter encore que
l'homme eft le même par-tout, qu'il a par-tout
exactement les mêmes befoins, les mêmes défirs &
les mêmes forces, qu'il a été dans tous les temps &
dans tous les pays agité des mêmes paffions, féduit
par les mêmes préjugés, ébloui ou trompé par des
efpérances & des erreurs femblables, cet homme n'a

qu'à jetter un coup d'œil sur les siècles écoulés & sur l'état actuel du globe.

Depuis les premiers temps connus, les nations se sont heurtées, mêlangées ou détruites; les vertus, les lumières, les opinions, les erreurs & les crimes ont parcouru la terre, se sont combattus & se sont chassés successivement de tous les pays, s'y sont remplacés ou réunis tour à tour. Tant d'événemens & de révolutions n'auroient-ils laissé aucunes traces, n'auraient-ils influé en rien sur le caractère des peuples? N'est-il rien résulté des différentes impulsions qu'ils ont dû communiquer aux esprits? Un assez long calme a t'il succédé à ces longues fermentations pour que l'uniformité soit établie par tout, ou pour que les nuances se touchent & se succèdent régulièrement? D'un autre côté, le bonheur ne tient-il à aucune de ces différences?

Mais le bonheur, où le trouver? dira-t'on: sur quel coin de la terre l'œil du voyageur pourra-t'il se reposer avec plaisir? Ne verra-t'il pas par-tout l'homme aux prises avec la douleur, ajoutant aux maux physiques & réels tous les maux de la prévoyance & de l'imagination, ne pouvant pas plus souffrir la liberté que l'esclavage, & se battant encore avec ses chaines; par-tout des êtres faibles se heurtant au lieu de s'entr'aider sur la route de la vie, contrariant sans cesse les vues de la nature, & empoisonnant ses bienfaits? Quels rêves peuvent consoler le sage isolé, que le spectacle du mal vient effrayer par-tout & qui ne peut que gémir? Et en général qu'ont pro=

duit & que peuvent produire les fpéculations, les livres & même l'expérience, pour le bien de ces êtres qui paraiffent fi irréfiftiblement entraînés vers l'erreur ou l'infortune ?

Si ces réflexions doivent affliger trop fouvent l'homme fenfible, parcourant la terre pour obferver les hommes, d'autres points de vûe peut-être lui offriront d'autres idées non moins vraies & plus con-folantes. Tous les préjugés contrariés par d'autres, la force des ufages & des habitudes combattue par des habitudes différentes, réfutée par des raifonne-mens & des exemples contraires ; tel abus révéré dans tel pays, fe trouvant méprifé dans un pays voifin, & remplacé par un établiffement utile ; la raifon, luttant ici avec des forces inégales contre l'afcendant d'une vieille abfurdité, plus forte ailleurs, & triomphant de tous les fophifmes de la routine ou de l'intérêt perfonnel ; par-tout l'exemple de quel-que inftitution fage, inconnue au plus grand nombre des nations ; tous les moyens de bonheur exécutés féparément fur quelque point de la terre ; quels tableaux confolans, quelles vues encourageantes ! De femblables leçons ne fuffiront-elles pas enfin pour éclairer l'homme de tous les pays, lui apprendre à ne plus confondre l'ouvrage de la nature avec le fien, pour lui rendre l'efpoir du mieux, & l'empê-cher de fe réfigner à fouffrir toujours, parce qu'il a long-temps fouffert ?

5. Voilà évidemment ce que MONTESQUIEU, a

voulu faire, & ce qu'il a fait. Des gens qui cherchaient apparemment toute autre chofe, ont été très-
furpris de ne pas trouver dans fon livre ce que l'Auteur n'avait pas voulu y mettre, & lui ont prefque
fait un crime de n'avoir pas fait un autre ouvrage
que le fien. Au refte, ceux qui pourroient douter
encore du véritable efprit de ce livre, en croiront
fans doute l'Auteur lui-même.

„ Ceux qui auront quelques lumières verront du
„ premier coup d'œil que cet ouvrage a pour objet
„ les loix, les coutumes & les divers ufages de tous
„ les peuples de la terre. On peut dire que le fujet
„ en eft immenfe; puifqu'il embraffe toutes les infti-
„ tutions qui font reçues parmi les hommes; puif-
„ que l'Auteur diftingue ces inftitutions; qu'il examine
„ celles qui conviennent le plus à la fociété & à
„ chaque fociété; qu'il en cherche l'origine; qu'il
„ en découvre les caufes *phyfiques & morales*; qu'il
„ examine celles qui ont un degré de bonté par
„ elles-mêmes & celles qui n'en ont aucune; que
„ de deux pratiques pernicieufes il cherche celle qui
„ l'eft plus & celle qui l'eft moins; qu'il y difcute
„ celles qui peuvent avoir de bons effets à cer-
„ tain égard, & de mauvais dans un autre; il a cru
„ fes recherches utiles, parce que le bon fens con-
„ fifte beaucoup à connaître les nuances des chofes.
Déf. de l'Efp. des L. deuxième partie.

Sans doute il n'eft pas poffible de mieux expofer
les intentions & les vues de l'Auteur de l'Efprit des
Loix; & je me ferais difpenfé d'écrire le morceau

qui dit à peu près les mêmes chofes, fi je m'étais rappellé, ou fi j'avais retrouvé plutôt celui-ci.

Je ne fais plus où j'ai trouvé une anecdote qui auroit bien befoin d'être prouvée pour être crue.

MONTESQUIEU, dit-on, ayant confié le manufcrit de l'Efp. des Loix à fon ami *Helvetius*, celui-ci, après l'avoir lu, lui confeilla de le jetter au feu. Quoi qu'il en foit, cette différence de vues entre deux hommes d'un grand mérite, ne ferait peut-être pas inexplicable. Les principes des loix entraient auffi pour quelque chofe dans le plan des ouvrages d'*Helvetius*, & il les reprenait de fort haut. MONTESQUIEU au contraire partait des faits. L'un cherchait une théorie, l'autre avait fait une hiftoire. Cette différence avait pu échapper au très-févère ami. Le principe par lequel *Helvetius* prétend expliquer toute l'énigme de l'homme, celui de l'intérêt perfonnel, excellent peut-être en politique ou en légiflation, a paru un peu défolant en morale; & on a reproché à l'Auteur de l'avoir pouffé au point de calomnier l'humanité. Mais tout cela exigeroit plus d'explications que nous n'en pouvons donner ici.

L'Auteur d'un nouvel Ouvrage fur *la légiflation*, dont on vient de traduire les premiers volumes de l'Italien en Français, M. *Gaetano Filangieri*, expofe ainfi la différence de fon plan avec celui de MONTESQUIEU.

,, Il eft bien étonnant, dit-il, que dans ce grand ,, nombre d'Ecrivains qui fe font confacrés à l'étude

„ des Loix........... chacun d'eux n'ait confidéré qu'une
„ partie de cet immenfe édifice ; que plufieurs,
„ comme MONTESQUIEU, n'aient raifonné que fur
„ les chofes *telles qu'elles font ou qu'elles ont été*, fans
„ examiner *comment elles auraient dû être*; que per-
„ fonne enfin n'ait encore donné un fyftême complet
„ & raifonné de légiflation, & n'ait réduit cette
„ matière à une fcience conftante, uniffant les
„ moyens aux règles, & la théorie à la pratique.
„ Ce fera l'objet de mon Ouvrage. „

Voilà une diftinction bien nette. Mais fans examiner fi elle eft auffi marquée dans l'exécution des
deux Ouvrages, qu'elle eft clairement énoncée dans
celui-ci, on conviendra qu'il fallait commencer par
où MONTESQUIEU a commencé.

On devine bien au refte que fur le même objet,
deux plans qui néceffairement doivent fe toucher en
tant de points, doivent rentrer auffi quelquefois l'un
dans l'autre. MONTESQUIEU n'a pas fans doute employé vingt ans à étudier & rapprocher les loix de
toutes les nations, fans chercher à diftinguer les
bonnes des mauvaifes, c'eft-à-dire, fans comparer
fouvent *ce qui eft* ou *ce qui fut*, à ce qui *aurait dû*
& à ce qui devrait être. D'un autre côté il eft impoffible de combiner & d'expofer un nouveau fyftême
de légiflation, un nouveau code, fans le rapprocher
de ceux qui exiftent ou qui ont exifté. Ainfi M. *Fi-*
langieri, obligé de repaffer fouvent en revue les
mêmes objets, a dû être forcé quelquefois auffi,
comme il l'annonce, de s'approprier des chofes qui

appartenoient autant à fon fujet qu'à celui de Mon-
tesqɪieu. D'ailleurs fi l'on penfe aux nouvelles lumières que la difcuffion & l'expérience ont dû fournir
depuis trente à quarante ans, on conviendra que
même avec un but & des intentions moins diftinéts,
il aurait pu fuivre encore à peu près le même ordre
& faire néanmoins un livre très-neuf.

Au refte je ne prétends pas, & ce ferait trop fe
hâter, juger ici ce favant & éloquent ouvrage, qui a de
commun avec l'*Efprit des loix*, de contenir beaucoup
d'importantes & utiles vérités, expofées auffi avec
beaucoup d'intérêt, quoique d'un ftyle très différent.
Mais je ne crois pas les obfervations précédentes
inutiles, à qui voudra être jufte en le jugeant. Il
m'eft d'ailleurs tombé un peu trop tard fous la main,
pour que je puiffe multiplier ici les rapprochemens
& les réflexions.

—

6. Il feroit affez difficile de fixer fans doute le
vrai moment de la gloire pour tel ou tel écrivain,
dont les ouvrages font le plus remarquables, ou par
le ftyle, ou par les idées. Le moment où tel livre
excite le plus de fenfation par la foule des vérités
importantes & neuves qu'il contient, eft auffi celui
de la contradiétion. Après la mort d'un auteur cé-
lèbre, l'envie fe taît, mais l'admiration eft auffi or-
dinairement plus calme. Il peut même arriver un temps
où les idées qui lui appartiennent le plus, devenues en quelque forte communes par la circulation,
n'excitent prefque plus d'étonnement & finiffent par

être confondues avec toutes celles qui forment pour ainsi dire, le fond de la raison générale. On a vu quelquefois l'idole de tel siècle devenir la risée du siècle suivant: *Montaigne*, au contraire, n'a été bien connu & bien apprécié que dans celui-ci. Mais ces espèces de révolutions, assez fréquentes aux époques que l'on peut regarder dans chaque contrée comme l'enfance du génie, le sont beaucoup moins dans un siècle éclairé; & elles sont d'ailleurs, beaucoup moins à redouter aussi pour les ouvrages de raisonnement, que pour les ouvrages de goût.

———

7. " Comme on distingue les *climats* par les de- » grés de latitude, on pourroit les distinguer par » les degrés de sensibilité. L. XIV., chap. 2. "

Voici un des articles de l'Esprit des Loix, qui a excité le plus de mal entendus. D'abord, il faut convenir que dans le détail de ses observations, l'auteur a fait de ses principes quelques applications, & en a tiré quelques conséquences, peut - être un peu douteuses ou arbitraires; & il n'étoit pas difficile de trouver un certain nombre de faits qui parussent le contrarier. Par exemple, on a beaucoup répété à propos de l'Esprit des Loix que les *Grecs*, autrefois libres, sont aujourd'hui esclaves, & que la postérité des maîtres du monde est à peu près autant avilie; ce que certainement Montesquieu n'ignorait pas. Mais en tirant de ces faits des conséquences à peu près opposées à quelques propositions générales de l'auteur, on oubliait toutes les modifications ou les reſtriﬞions que lui-même y avoit miſes, on confondoit toutes les cauſes dont il avoit diſtingué les effets, on changeait la queſ-tion, on critiquait enfin... comme on critique.

On a dit encore que cette idée ſur l'influence des *climats* appartenait à *Bodin*, qui a écrit il y a en-viron deux ſiècles. J'ai été curieux de vérifier le fait, & j'ai trouvé en effet dans la *République* plu-ſieurs obſervations qui ont pu ſervir de baſe aux méditations de MONTESQUIEU, & quelques-unes même aſſez bien préſentées. Mais que l'on juge par cette ſeule phraſe de Bodin, combien il a ſu mêler d'abſurdités à quelques bonnes vues.

» Les Athéniens, Ephéſiens, Miléſiens, dit-il, » étoient beaucoup plus doux & plus traitables; » auſſi étoient-ils plus *orientaux*. Au contraire, les » Siracuſins, Florentins & Carthaginois étoient plus » félons & plus rebelles, qui étoient plus *occidentaux*. «

Voilà où conduit la fureur de tout expliquer. On peut juger d'après cela, ſi une grande vérité appar-tient à celui qui ſait ſi bien la défigurer. Au reſte, il ne ſeroit peut-être pas difficile avec un peu de patience, de trouver beaucoup plus haut que Bodin le germe du ſyſtême que MONTESQUIEU a dévéloppé, & dont les idées principales auroient du être placées peut-être, à la tête de ſon ouvrage. Ceux qui vou-dront achever de connoître l'influence du phyſique ſur le moral de l'homme, n'ont qu'à conſulter le ſublime hiſtorien de la nature. Mais on ne peut conteſter à MONTESQUIEU le mérite d'avoir ſenti l'un des premiers, que l'hiftoire morale & politique doit étre appuyée fur *l'Hiftoire naturelle.*

8. La plupart des écrivains qui ont effayé de retracer l'hiftoire de l'homme primitif, & d'expliquer l'origine des fociétés, le plus intéreffant même & le plus éloquent de tous, celui qui a déployé dans ce tableau le plus d'imagination & de génie, font partis de l'hypothèfe la plus éloignée fans contredit de l'état actuel, & conféquemment la plus difficile à concilier avec les faits. Quelques hiftoriens anciens nous avoient montré, à l'arrivée des colonies Egyptiennes, Phéniciennes ou Grecques, la *Grèce* & *l'Italie* occupées par une race d'hommes errans, fans liaifons, fans communications, fans habitations fixes; enfin, beaucoup plus *fauvages* que ne le font aujourd'hui les *Hurons*, les *Efquimaux* & tous les fauvages des deux extrêmités de l'Amérique, que l'on a trouvés au moins en famille, fe retirant fous des huttes, & formant une efpèce de fociété. C'eft cet état de difperfion & d'ifolement que l'on a toujours appellé, d'après les Grecs: *Etat de nature.* L'on ne s'eft pas avifé d'examiner fi ces Phéniciens ou Egyptiens, qui trouvèrent tant de Sauvages dans les terres nouvelles où ils cherchaient un afyle, defcendaient eux-mêmes d'hommes auffi fauvages; & c'eft ce que l'éloquent Génévois, d'après *Thucidide*, *Hérodote* & *Lucrece*, femble avoir toujours fuppofé.

Comment les hommes font-ils parvenus à s'affocier, à se former des loix, un langage ? Voilà ce qu'en effet il n'était pas aisé d'expliquer d'après cette première supposition. Mais pourquoi n'a-t-on pas examiné plutôt, si en effet l'homme n'est point né par-tout en société ? On auroit vu peut-être, que l'union si naturelle des époux & des enfans, la société de famille, nécessairement prolongée dans un climat tempéré, sur un terrein fertile, n'a pu se dissoudre que dans des pays plus stériles & plus froids ; que des hommes, jetés par hasard dans une terre nouvelle, sous un ciel plus dur, & dispersés par le besoin, avant d'avoir trouvé les arts convenables à leur nouvelle position, ont pu perdre enfin le souvenir de leur état primitif, du véritable *état de nature*, mais jamais cependant au point où les historiens Grecs l'ont supposé.

Il n'est pas étonnant au reste que dans le premier enthousiasme produit par le spectacle des sociétés & des machines politiques, mues ou affermies par les loix, & déjà embellies par les arts, les premiers écrivains se soient plûs à charger le tableau de l'état sauvage qui avait précédé les législateurs, les historiens & les poëtes. Quoiqu'il en soit, je crois sur cet objet, & sur toute cette partie de l'histoire de l'homme, la distinction des *climats* très-importante.

Je ne dois pas dissimuler néanmoins que sur l'application je me trouve ici à peu-près en opposition avec Montesquieu ; » ce qui fait, dit-il, » (liv. XVIII, chap. 9.) qu'il y a tant de nations

» fauvages en Amérique, c'eft que la terre produit
» d'elle-même beaucoup de fruits dont on peut fe
» nourrir.... »

L'Auteur des *Recherches fur les Américains* qui cite
ce paffage, obferve 1°. qu'il fuppofe comme vrai
ce qui eft faux, 2o. que Montesquieu conclut ce
qu'il n'eft pas poffible d'en conclure. Nulle part en
effet, l'avarice de la nature n'a été plus marquée
qu'en Amérique, les indigènes y ont continuellement
à combattre contre la difette, &c.

» Une nation qui poffède un terrein abondant en
» fruits s'humanifera bien plutôt qu'une horde fituée
» fous un ciel âpre & fur une terre frappée de fté-
» rilité : « auffi voit-on que telle a été la marche de
» l'efprit humain & la naiffance fucceffive des fociétés :
» elle a fuivi la gradation des climats & la fécondité
» du fol. Sur les rives fortunées de l'*Inde* & du *Gange*,
» plantées de figuiers, de palmiftes & de cocotiers, les
» hommes ont été réunis & civilifés, infiniment plu-
» tôt que les habitans des forêts de la Souabe & de
» la Weftphalie, qui broutaient des glands, il n'y a
» que quelques années. — Ce n'eft donc pas la fertilité
» du climat qui retient l'homme dans la vie fauvage,
» c'eft au contraire le défaut de fubfiftance qui l'em-
» pêche d'en fortir... « Tom. I., p. 90. On fait
que cet écrivain, qui aime beaucoup à contredire,
n'eft pas toujours à beaucoup près auffi heureux.

———

9. Il ne paroît pas douteux qu'en parcourant le
Globe, en obfervant l'état actuel des Hordes, des
Peuplades

Peuplades ou des nations qui l'occupent , on ne retrouvât à peu près la marche, les ſtations, les efforts & tous les degrés par où l'on ſuppoſe que l'eſpèce humaine a paſſé avant d'arriver au point de civiliſation & de lumières où nous nous enorgueilliſſons , & où quelques philoſophes nous ont plaints d'être parvenu. De cette manière, on retrouverait, pour ainſi dire, toute l'hiſtoire du genre humain , écrite encore ſur la ſurface de la terre.

———

10. „ Quelquefois le climat eſt plus favorable que „ le terrein; le peuple s'y multiplie, & les famines „ le détruiſent. „ Et l'Auteur cite pour exemple la Chine. V. l. 23 , ch. 16.

Sur l'influence des climats & des terreins, voyez dans l'Eſprit des Loix les livres XIV , XV, XVI , XVII, XVIII , après leſquels on pourrait lire ce ſemble, le XXIIIme. ſur la population.

Montesquieu y développe de ſuite toutes les applications & les conſéquences de ſes principes, que nous avons cru pouvoir préſenter ſucceſſivement, en ſuivant la marche générale de la ſociété & des ſyſtêmes politiques.

———

11. Un ſage , calculant les biens & les maux de la ſociété , demandait à quel degré de civiliſation il ſerait à déſirer que l'eſpèce humaine ſe fût arrêtée & fixée. Sans doute dans tous les pays de la terre, l'époque où l'homme a pu être le plus heureux, eſt celle où il a été le plus juſte envers la

compagne de fa vie, celle où il a confié à l'amour
& à la beauté la plus grande portion de fon bonheur. Cette époque eft pour l'efpèce comme pour
la fociété, ce qu'eft pour l'individu le temps de la
jeuneffe : & quel homme ne voit pas fuir avec
regret cet âge d'illufions ?

———

12. Que les premiers habitans de tel ou tel pays
foient chaffeurs, ou pafteurs, ou fixés, ou nomades,
cette alternative eft évidemment déterminée par la
nature, c'eft-à-dire par le climat & par le fol.
Il eft probable que l'agriculture & les arts, naîtront
plutôt chez les peuples pafteurs, & qu'ils feront
plutôt fixés. Il en eft de même pour les conventions
& les loix. Cependant plus on réfléchit fur les faits,
plus on eft porté à fe défier des fyftêmes. Les *Pafteurs* d'Arabie, les *Chaffeurs* du Canada, font à peu
près auffi errans les uns que les autres, &, ce qui
paraîtra plus étonnant, ceux ci ont une culture, &
la plupart des premiers n'en ont pas. Les anciens
Germains cultivaient auffi, & ils changeaient d'ha-
bitation tous les ans; il en eft de même de plufieurs hordes Tartares : voyez la note 17. Quoiqu'il en foit, dans aucune des ces pofitions, l'origine des loix ne paraîtra auffi difficile à expliquer,
qu'elle le ferait d'après l'hypothèfe de cet état,
appellé *Etat de nature.* L'effentiel eft de diftinguer
& de n'admettre exclufivement aucune explication.
Chez tous les peuples qui fe font formés eux mêmes,
(je ne parle pas de ceux qui l'ont été par d'autres

peuples , ou plus anciens ou mieux placés ,) de
longues querelles ont dû précéder par-tout les premières conventions.

Dans telle contrée fauvage , le premier couple
que le même intérêt arma & réunit contre les animaux, ennemis ou victimes éternelles de l'homme ,
fi la chaffe fut malheureufe , fut inévitablement
divifé au moment du partage ; & dans ce cas-là ,
néceffairement la force fit la loi.

Des hordes de *Chaffeurs* , après s'être rencontrées
& battues plufieurs fois , ont pu fixer pour féapara-
tion entr'elles les rives de tel fleuve. Ainfi le droit
des *Gens* précéde ici le droit & le pouvoir *politique*.

Une difpute un peu vive fur des troupeaux mêlés
dans un pâturage , ou fur la récolte de tel arbre
chargé de fruits , a pu faire placer la première borne ,
creufer le premier foffé , planter la première haie,
élever le premier mur. Ainfi l'idée de *propriété* , même
foncière , a pu en certains lieux précéder l'idée de
culture ; & le *Droit civil* naître avant le gouvernement.

D'autres peuplades travaillant , récueillant , jouif-
fant en commun , ont été gouvernées , ont cultivé
la terre , fans avoir même l'idée de *propriété mobi-
liaire*.

Chez tel peuple *Cultivateur* , ou *Chaffeur* , ou *Paf-
teur* , deux hommes divifés d'intérêts , voulant & ne
pouvant s'accorder fur leurs prétentions & fur leurs
droits , choififfent des arbitres : & fi le condamné
refufe de fe foumettre au jugement , les juges alors

peuvent fe liguer contre lui avec fon adverfaire.

Dans telle autre occafion, les fimples témoins d'un traité en ont dû être les garans.

Ailleurs un homme vigoureux, enlevant ouvertement les provifions de fon voifin plus faible ; deux brigands attaquant lâchement un feul homme, doivent réunir contre eux tous les témoins de cette injuftice ; & ceux-ci, avant de fe féparer, jurent folennellement de fe raffembler de même au premier fignal.

Il eft une autre hypothèfe, où l'origine des loix & du pouvoir femble bien plus aifée encore à imaginer; c'eft celle d'une famille ifolée, croiffant & fe multipliant fous les yeux & fous l'autorité d'un feul chef Mais après la mort de ce chef, plus d'autorité, à moins qu'elle ne foit élective, ou que le choix du mort ne foit refpecté de fes héritiers, ce qui ne peut durer très-long-temps. Du moins ayant conçu une fois & confervant l'idée d'un pouvoir paffager, ils fentiront plutôt la néceffité de le rendre durable, & ils s'y foumettront plus volontiers.

Chez telle nation plus fière, l'indépendance a dû être défendue plus long-temps, & la foumiffion a dû être précédée de longs défaftres. Chez un tel peuple toutes les querelles d'individus font des querelles de familles ; l'infulte eft repouffée, ou foutenue, ou punie par la force; la vengeance éternife les haînes & les guerres jufqu'à l'extinction des races ennemies. Cet état de guerre produit des confédérations partielles, la nation n'eft qu'un affemblage de protecteurs & de protégés, d'opprimés, d'oppreſſeurs, juſqu'à ce que l'un des chefs acquière aſſez de crédit ou de pouvoir pour interpoſer ſon autorité dans toutes les querelles, déſarmer les familles, & rétablir l'unité ſur les débris de l'anarchie. On reconnaît là ſans doute, l'hiſtoire des *Seigneurs*, des *Vaſſaux*, des *Leudes*, des *Suzerains*, des *Avoués*, & les temps nébuleux de notre Hiſtoire moderne.

———

13. Tant de ſiècles & tant de travaux n'ont-ils pas encore achevé d'effacer ſur la terre les dernières traces de l'antique & primitive ſimplicité ?.... Non ſans doute. Et qui voudra jouir du ſpectacle, je ne dis pas de l'état de nature, mais de la ſociété au berceau ; qui voudra contempler encore l'innocence & la liberté réunies, peut lire *Tacite* ou *Cook*, ou parcourir les Alpes.

———

14. Ce ſerait ici le lieu de placer pluſieurs obſervations ſur quelques opinions haſardées, quelques faits erronés, quelques citations inexactes, quelques principes obſcurs ou arbitraires que l'on a reprochés à Montesquieu ; reproches que nous n'avons pas du tout penſé à diſſimuler, mais qui ne tombant que ſur des détails, ne pouvaient être placés ni diſcutés dans le texte, où il s'agiſſait ſur tout d'embraſſer & de bien marquer l'enſemble.

Il était impoſſible qu'en conſultant un ſi grand nombre d'écrits, raſſemblant tant de matériaux & tant de faits ſur les uſages de tous les peuples connus,

Montesquieu ne fût quelquefois égaré par les récits de quelques voyageurs exagérateurs ou diftraits, ou qu'il ne fût quelquefois mal fervi par fa mémoire.

Voltaire a pris la peine de raffembler une lifte d'erreurs de cette efpèce, qu'il aurait pu groffir beaucoup avec un peu plus de patience, & dont il tire plufieurs conféquences affez févères contre Montesquieu, à qui d'ailleurs il a rendu beaucoup plus de juftice en d'autres endroits de fes écrits. Au refte, l'erreur la plus importante qu'il relève, eft l'opinion de Montesquieu fur la *vénalité des Charges*; opinion que perfonne affurément ne fera tenté de juftifier.

Un écrivain qui a employé beaucoup de temps & beaucoup de talens à guerroyer, a cru que Montesquieu avait dit un peu trop de bien de quelques conftitutions européennes, & beaucoup trop de mal, non pas du *Defpotifme*, mais des gouvernemens orientaux, & même auffi de l'*Efclavage perfonnel*. Mais nous ne penfons pas que fon éloquence lui ait fait fur ces deux objets affez de profélites, & nous ne favons pas affez d'ailleurs, jufqu'à quel point fes malheurs ont pu influer fur fes opinions, pour croire que fon ancien goût pour les muets & la haute juftice des ferrails, ait aujourd'hui befoin d'être contrarié.

Au refte, il ferait très-confolant fans doute d'apprendre que, comme on l'a cru, la moitié de l'efpèce humaine n'eft pas en effet vouée au defpotifme. Mais à en juger d'après les obfervateurs, qui depuis ont été à portée de mieux voir, par exemple, par les Mémoires très-piquans & très intéreſſans *du Baron de Tott*, il n'y a pas encore grand'choſe à changer juſqu'ici, à l'idée que MONTESQUIEU nous avait donnée du gouvernement Turc, & en général des gouvernemens Aſiatiques. Sans doute on en ſaura ſur-tout cela d'avantage, après la publication d'un nouvel ouvrage ſur les Turcs, annoncé depuis peu, & qui doit avoir, dit-on, pluſieurs volumes in 4.°

Quant aux autres reproches faits à l'*Eſprit des Loix*, ils ne tombent guères que ſur quelques chapitres des premiers livres. Par exemple, MONTESQUIEU a expliqué pluſieurs fois la diſtinction des mots *honneur* & *vertu*. Mais il aurait pu faire ſentir davantage, ce ſemble, en quels cas ces deux ſentimens pouvaient être communs à toutes les formes de gouvernement, ou appartenir excluſivement à quelques unes.

La manière dont il parle du *Deſpotiſme*, a paru préſenter quelquefois auſſi des idées peu juſtes. Par exemple, il le définit : un gouvernement où un ſeul homme poſſède tout & peut tout : pourquoi appeller cela un gouvernement ? n'eſt-ce pas là la ſubverſion de toutes les loix & de tous les droits ? ne vaudrait-il pas autant appeller l'anarchie ou la guerre civile un gouvernement ?

Dans un pays où il n'y a qu'une ſeule volonté, une ſeule puiſſance, où le peuple n'eſt rien, où les individus n'ont ni propriété, ni volonté, où tout eſt eſclave, ſans doute il n'y aura ni *honneur*, ni *vertu*. Pourquoi dire qu'*il n'en faut pas* ? Pourquoi ne pas dire plutôt qu'il ne faut pas de deſpote, ni d'efclaves ? Au refte on fait bien quelle était l'idée de Montesquieu. Mais il n'y avait pas là d'inconvénient à être clair.

Ce font quelques tournures de ce genre & quelques idées générales, rendues peut-être d'une manière trop vague & trop abftraite, qui ont jeté de l'obfcurité fur quelques chapitres de l'*Efprit des Loix*, & malheureufement ces chapitres font les premiers.

———

15. Montesquieu obferve que la Démocratie ne peut guères convenir qu'aux petits états, d'où il fuit qu'une république en s'agrandiffant, rifque toujours fa liberté, & court au defpotifme. Mais d'un autre côté, comment des républiques pourront-elles concilier leur fûreté avec la liberté, & acquérir fans danger autant de confiftance & détendue qu'il en faut pour réfifter à d'autres puiffances, qui ont fur elles la fupériorité de la maffe ? Le feul moyen c'eft la *confédération*. Or, cette affociation, dit Montesquieu, n'eft pratiquable qu'entre républiques.

Autre obfervation relative aux *climats* & aux *terreins*. Les empires s'étendent bien plus rapidement dans les pays chauds, dans les grandes terres peu coupées par les mers ou les montagnes. Le defpotifme y trouve auffi moins de réfiftance & plus de facilités.

———

16. " L'Afie a été fubjuguée treize fois, onze fois,
" par les peuples du nord. . . . Dans les temps recu-
" lés, les *Scithes* la conquirent trois fois, enfuite

» les *Médes* & les *Perses*, chacun une, les *Grecs*,
» les *Arabes*, les *Mogols*, les *Turcs*, les *Tartares*,
» les *Persans* & les *Agnans*. Je ne parle que de la
» haute Asie...» *Esp. des Loix*, *l. XVII*, *chap. 4.*

—

17. Lisez les mémoires du *Baron de Tott*, & vous
verrez que rien ne ressemble plus aux *germains* de
César ou de Tacite, que les Tartares d'aujourd'hui.

» Ce n'est qu'aux états assemblés, que les *Mirzas*,
» possesseurs de *fiefs*, sont redevables du service
» militaire....

» On ne connait point chez les *Nogais*, les
» distinctions de propriété territoriale, & ces peu-
« ples pasteurs, uniquement occuppés de leurs
» troupeaux, leur laissent la libre jouissance des plaines
» qu'ils habitent, & se bornent aux seules limites
» marquées entre les hordes voisines.

» Retirés pendant l'hyver dans les vallons, les
» *Mirzas*, y perçoivent, chacun dans son *Aoul*,
» (fief), la redevance en bestiaux & en denrées
» qui leur est dûe. Lorsque la saison permet d'ense-
» mencer, ils se transportent avec les cultivateurs
» dans la plaine, choisissent le lieu de la culture, &
» en font le partage entre leurs vassaux........ »
*Agriculturæ non student, majorque pars victûs eorum
lacte & caseo & carne consistit : neque quisquam agri
modum certum, aut fines proprios habet, sed magistra-
tus ac principes, in annos singulos, gentibus cognationi-
busque hominum qui unà coïerunt, quantum eis & quo
loco visum est, attribuunt agri, atque anno post alio*

tranfire cogunt.... « Ne croirait-on pas que Céfar parle ici des *Nogaïs*, & autres habitans du Borif-thène?

18 Que d'objets à diftinguer dans cette hiftoire obfcure, & d'objets également difficiles à faifir? Pour fuivre en effet les traces de toutes les nations dont le mélange a formé ces différens corps à tant de bras & à tant de têtes, ne fallait-il pas connaître avec certitude l'état politique de chacune de ces nations, avant la conquête? Par exemple, la condition des Gaulois, avant l'arrivée des Romains, les différentes formes de toutes ces petites républiques indépendantes, qui la partageaient, ce que les premiers vainqueurs ont laiffé à chacune d'elles, de leurs prérogatives & de leurs priviléges, ce qu'elles en avaient recouvré ou perdu après les révoltes: il fallait diftinguer le droit des gens, ou plutôt les différentes loix militaires des barbares conquérans qui les fuivirent; les différentes conditions qu'impofèrent ceux-ci, à chaque parcelle qu'ils enlevèrent fucceffivement à cet empire immenfe; leur dureté proportionnée à la réfiftance qu'ils éprouvaient; leurs capitulations ou traités, avec les Gouverneurs Romains, ou avec les cités reftées ou redevenues libres, comme les *Armoriques*; il fallait examiner ce que tel peuple conquérant & tel peuple conquis, avaient perdu ou gagné au nouvel ordre des chofes; par exemple, fi les Rois *Francs*, *Vifigoths*, *Bourguignons*, avaient fuccédé à tous les

droits des Empereurs, fi les Gaulois étaient devenus plus libres, à quelles époques & par quelle gradation, les *Francs* avaient ceffé de l'être. Enfin, il fallait diftinguer, pour chaque pays, pour chaque peuple, & même à chaque conquête, les changemens produits fur chacun de ces trois objets. 1.º *La fouveraineté* fi mal connue des chefs ou foldats, compagnons ou vaffaux de Pharamond ou de Clovis. 2.º *La liberté perfonnelle*, fi peu refpeçtée même chez les Gaulois indigènes, & fi cruellement outragée par les Romains. 3.º *La propriété*, à peine connue dans les forêts ou dans les vaftes paturages de la Germanie, & depuis fi prodigieufement décompofée par les *inféodations*, *cens*, *arrière-cens*, & cette foule de conventions & de *fervitudes réelles*, dont la nomenclature eft fi étendue, & dont l'enfemble compofe & furcharge encore aujourd'hui notre *droit coutumier*. — Qu'on nous permette fur chacun de ces points, quelques obfervations très-courtes.

1.º Il eft probable que trouvant à leur arrivée, une machine encore à peu près montée, les conquérans en confervèrent ce qu'ils purent, & en dirigèrent les refforts comme ils l'entendirent, jufqu'à ce que leur groffière ignorance parvînt à tout brouiller, & que le mélange des peuples & des loix, rendit ce méchanifme ou plutôt cette confufion inextricable. Il eft probable auffi que les compagnons de l'entreprife ne tardèrent pas à s'appercevoir qu'en s'enrichiffant, ils s'étaient donné des chaînes, & qu'ils tâchèrent de les fecouer le plutôt & le plus fouvent qu'ils purent. Le génie de Charlemagne, réuffit prefque à établir une apparence d'*unité*; mais cet enfemble formidable, ne tarda pas à fe diffoudre dans les faibles mains de fes fucceffeurs. De-là cette divifion, cette décompofition prefque univerfelle de la *fouveraineté*, cette confufion de droits anciens & de prétentions nouvelles, de droits confervés, & de droits ufurpés, de titres oubliés, & de traités arrachés par les armes, enfin cette multitude de fils imperceptibles, & de liens fi fragiles qui retenaient à peine tous les membres d'un corps prefque diffous, & toute cette anarchie, agitée par une fermentation fi longue.

2.º La diftinction de deux claffes d'hommes *libres & ferfs*, antérieure dans les Gaules, même à la conquête des Romains, connue chez ceux-ci & même chez les Francs, fous des formes différentes, & par-tout plus ou moins contraire aux droits imprefcriptibles de l'humanité, cette diftinction fut très-peu modifiée à chaque invafion. Partiellement abolie en France, fous *Charles le Gros* & fes fucceffeurs, elle a réfifté en *Ruffie* & en *Pologne* aux réclamations des derniers fiècles, & toutes les lumières de celui-ci ont fuffi à peine, pour en effacer chez nous les dernières traces.

3.º Il ne faut pas remonter moins haut, pour démêler l'origine de notre *droit civil*, & toutes nos bifares inftitutions fur la *propriété*. A chacune de leurs conquêtes, dans les différentes provinces qu'ils enlevèrent aux Romains ou aux Indigènes, ou qu'ils fe difputèrent les uns aux autres , après s'être emparés prefque par-tout du domaine fifcal , & fuccédant aux propriétaires qu'ils avaient chaffés ou égorgés, les *Vifigoths* , les *Bourguignons* , les *Francs*, fuivirent dans le partage des terres , différentes règles qui n'ont pas encore été parfaitement dé_ brouillées. Les dons précaires des fouverains & autres grands *terriens* , devenus bientôt héréditaires; les fubdivifions qui furent enfuite entre les *autruf- tions* , *vaffaux* , ou *leudes* , le fceau des confédérations particulières, les *inféodations* accordées par les fei- gneurs, ou propofées par les individus embarraffés d'une dangereufe indépendance, fur tout le mêlange même de tous ces *droits* , que nous cherchons à diftinguer , tout cela vint jetter la plus horrible confufion fur les *propriétés foncières* , confufion qui fut augmentée encore à l'époque des premiers *affranchiffemens*.

C'eft à ce troifième objet feulement, c'eft-à-dire, aux loix concernant la *propriété foncière* , que s'étaient toujours attachés tant de compilateurs ou de com- mentateurs, qui avaient délayé les textes de nos premières coutumes , depuis l'époque de leur rédac- tion ; & c'eft là où Montfsquieu s'eft arrêté , après avoir parcouru la fuite des révolutions qui ont modifié & décompofé parmi nous, les princi- paux attributs de la fouveraineté , *le droit de guerre & le droit de juftice*. Voyez les livres XXVIII , XXX & XXXIe. de l'*Efprit des Loix*.

———

19. Tout le monde fait que le règne de Louis XI ,

eſt en France à peu près la dernière époque du gouvernement *féodal*; & que de ce règne, datte ſur-tout l'abaiſſement des grands vaſſaux, la deſtruc-tion de l'ancienne ariſtocratie & l'unité du pouvoir ſouverain. On fait auſſi que l'hiſtoire de cette époque, écrite par *Duclos*, n'eſt pas l'ouvrage qui a fait le plus d'honneur à cet écrivain eſtimable.

———

20. Deux grandes époques dans l'hiſtoire du *Com-merce*, l'invention de la *monnoie* & des *lettres de change*. La première qui a pu être trouvée à la fois ou en différens temps, par pluſieurs peuples, a été adoptée ſucceſſivement par tous, à différentes époques & à différens degrés de civiliſation. On doit, comme on fait, l'idée des lettres de changes aux Juifs chaſſés de France, au XIIIe. ſiècle. Voyez livres XXII, *des loix dans le rapport qu'elles ont avec l'uſage de la monnoie.*

———

21. Nous finirons encore par demander pardon de n'avoir pas montré plus ſouvent l'homme dans MONTESQUIEU. Entre pluſieurs anecdotes qui pour-raient augmenter la vénération qu'inſpire ſa mémoire, deux faits ſuffiraient ſeuls pour prouver combien était grande & noble cette âme qui inſpira tant de beaux écrits, combien MONTESQUIEU était digne de diſcuter & de peſer les droits de l'humanité. Le premier eſt cette députation où, repréſentant ſon corps, il porta au pied du trône & fit accueillir les plaintes du peuple écraſé par un nouvel impôt.

Le fecond eft cet aɛle de bienfaifance fi noble &
fi délicate qui a fourni, il y a quelques années,
le fujet d'une pièce de théâtre, dont le fonds était
fans contredit le premier, mais n'était pas le feul
mérite. De pareils faits ne doivent pas être oubliés
dans l'éloge d'un grand homme ; mais perfonne ne
penfera fans doute, qu'ils aient befoin d'être embellis
par des efforts d'éloquence.

Ceux qui voudront achever de connaître la perfonne, le caraɛlère & la vie privée de MONTESQUIEU,
le trouveront dans fes lettres particulières tel fans
doute à peu près que le voyaient fes amis dans
l'intimité d'un commerce familier. C'eft là où l'on
apprendra à aimer le grand homme que l'on eft
accoutumé d'admirer.

Nous voudrions pouvoir inférer ici tout entier,
un article imprimé l'année dernière dans un journal,
article extrait d'un ouvrage écrit, dit-on, en 1736,
c'eft-à-dire avant la publication de l'efprit des loix.
Voici quelques traits pris au hazard, fur le caraɛlère
de cette illuftre Ecrivain.

« Beaucoup de douceur, affez de gaieté, une
„ égalité parfaite, un air de fimplicité & de bonho-
„ mie, qui vu la réputation qu'il s'eft déjà faite,
„ lui forme un mérite particulier..... Il a quelquefois
„ des diftraɛlions, & il lui échappe des traits de
„ naïveté qui le font trouver plus aimable, parce
„ qu'ils contraftent avec l'efprit qu'on lui connait.....
„ il fait un ufage charmant de ce qu'il fait ; mais
„ il met plus d'efprit dans fes ouvrages que dans fa

„ converfation , parce qu'il ne cherche pas à y
„ briller & qu'il ne s'en donne pas la peine.... il
„ a conçu de bonne heure du goût pour un genre
„ de philofophie hardie , qu'il a combiné avec la
„ gaieté & la légéreté de l'efprit français , & qui a
„ rendu les *Lettres Perfannes* un ouvrage vraiment
„ charmant....‟

‟ On prétend qu'il fe prépare enfin à publier fon
„ grand ouvrage fur les loix. J'en connais déjà
„ quelques morceaux , qui, foutenus par la réputa-
„ tion de l'auteur , ne peuvent que l'augmenter; mais
„ je crains bien que l'*enfemble* n'y manque ... Nous
„ avons de bons inftituts du droit civil Romain : nous
„ en avons de paffables du droit Français ; mais nous
„ n'en avons abfolument point du droit public , général
„ & univerfel. Nous n'avons point *l'efprit des loix* , &
„ je doute fort que mon ami le Préfident de
„ MONTESQUIEU , nous en donne un qui puiffe fervir
„ de guide & de bouffole , à tous les légiflateurs du
„ monde. Je lui connais tout l'efprit poffible ; il a
„ acquis les connaiffances les plus vaftes tant dans
„ fes voyages que dans fes retraites à la campagne ;
„ mais je prédis encore une fois , qu'il ne nous
„ donnera pas le livre qui nous manque, quoique
„ l'on doive trouver dans celui qu'il prépare beau-
„ coup d'idées profondes, de penfées neuves, d'ima-
„ ges frappantes, de faillies d'efprit & de génie ,
„ & une multitude de faits curieux, dont l'appli-
„ cation fuppofe encore plus de goût que d'étude. ‟
Ce jugement , vu fa datte , paraîtra fans doute
affez

affez curieux , & l'on voit qu'il ne ferait pas indif-
férent d'én connaître l'auteur. On ne peut lui reprocher
d'avoir tout à fait méconnu les difficultés de l'entreprife , mais s'il en avait bien faifi l'immenfité, peut-
être n'eut-il pas cru inutile d'obferver que l'entière
exécution d'un plan fi vafte , était au-deffus des
forces d'un feul homme. Enfin, s'il a eu le mérite
de bien voir, il faut convenir qu'il n'a pas eu tout-
a-fait au même degré le talent de deviner.

Montesquieu avait probablement achevé de fe
peindre lui-même dans le journal de fes voyages,
dont on fait qu'il avait commencé la rédaction,
mais qui n'eft pas encore publié. Quoique le réfultat
de fes obfervations foit déjà configné dans fes autres
ouvrages , tout concourt à faire défirer l'impreffion
de celui-ci; & le fuccès du roman politique *d'Arface*,
publié il y a deux ou trois ans, contribuera fans
doute à déterminer les perfonnes qui prennent le
plus d'intérêt à fa gloire.

Je crois pouvoir placer ici une obfervation qui
me revient à l'inftant même. J'ai lu ou j'ai entendu
qu'on avait confervé la collection des notes, des
extraits , des difcuffions, dont l'*Efprit des loix* offre
le réfultat & l'enfemble. Ne trouverait-on pas dans
ce recueil, tous les éclairciffemens, les rapprochemens , les développemens que cet ouvrage peut
laiffer à défirer? Et que de fecours ne fourniraient
pas ces manufcrits, fi l'on croyait un commentaire
fur *l'efprit des loix* néceffaire!

H

—

22. Nous devons, comme tout le monde fait, *l'algébre* aux Arabes ; mais *Defcartes* l'appliqua le premier à la géométrie. *Newton*, foumit l'infini à l'analyfe, & il paraît convenu que *Leibnitz*, partagea cette gloire avec lui.

—

23. *D'autres écrivains plus ou moins célébres...* Ce n'eft peut-être pas au génie univerfel & brillant de *Voltaire*, que nous devons le plus d'ouvrages utiles & de vérités neuves. Mais il eft peu de vérités auffi qui ne doivent beaucoup à l'art qu'il avait de tout embellir, & fur-tout de combattre & de ridiculifer la fottife & l'erreur. De tous les objets plus ou moins importans, qui ont occuppé fon fiècle, il en eft peu fur lefquels il n'ait jeté autant d'intérêt que d'agrément & fur-tout celui de la clarté. Ce dernier talent, qui lui eft commun avec *Fontenelle*, il l'a exercé fur des objets finon plus effentiels, au moins plus attrayans pour le commun des hommes, par leur difficulté même, & par le courage ou l'adreffe qu'ils femblaient exiger, mais qui peut-être auffi perdront infenfiblement de leur intérêt. Je ne parle pas ici des vérités de fentiment, des grandes idées morales auxquelles il a fu donner tant d'effet au théâtre. En général peu d'écrivains ont poffédé comme lui l'art d'écarter les épines des matières les plus abftraites, d'évaluer la véritable importance de chacune, d'en faifir le côté lumineux, & de mettre l'évidence à la place de la

démonstration. Il est pour l'histoire de *l'homme*, ce que Fontenelle avait été pour celle des sciences exactes ; & l'on pourrait dire de l'un comme de l'autre, que s'ils n'ont pas le plus ajouté à la somme des connaissances, personne n'a autant contribué à les propager, à en répandre le goût, à en accélérer la circulation, & par-là même, à en faciliter les progrès. Quant à ses torts, ou à ses erreurs, ils ont été assez répétés pour qu'il soit permis enfin de les oublier.

Un autre écrivain, avec la supériorité de raison qui distingue les ouvrages historiques de MONTESQUIEU & de *Voltaire*, a tour à tour porté dans l'histoire, le coloris de *Buffon*, la profonde éloquence & l'énergie de *Rousseau*. Il a mis dans la discussion des droits des peuples, le même enthousiasme & la même chaleur que celui-ci avait mise à défendre les premières vérités de la morale. *Tacite*, n'avait pas avec plus de fierté & de vigueur, *signalé* & flétri les tyrans ; & en général aucun historien ne s'est élevé avec autant de courage contre les crimes de l'avarice, de l'ambition, de la superstition, du despotisme.

En rappellant ici les écrivains qui ont le plus honoré leur siècle, & dont la gloire a pu rivaliser avec celle de MONTESQUIEU, je n'ai point du tout pensé à les comparer, & j'ignore jusqu'à quel point ces espèces de comparaisons peuvent être utiles. Mais malheur à qui ne serait point embarrassé sur le choix. On peut observer néanmoins que MONTESQUIEU, a précédé ces rivaux illustres.

Trois ouvrages originaux & neufs dans des genres très-différens, voilà ses titres. Si l'on voulait faire la liste des bons écrits publiés depuis sa mort, sur toutes les matières dont il a posé les principes, sur *l'économie*, sur le *commerce*, & en particulier sur le *droit féodal* & les *loix criminelles*, cette énumération ne paraîtrait certainement pas étrangère à sa gloire, puisqu'elle achéverait de prouver l'influence qu'il a eue sur son siècle, & la forte impulsion qu'il a donnée aux esprits. Et l'on ne ferait peut-être pas injuste en observant que l'on a, sur tous ces objets, tant discutés depuis quarante ans, appris bien peu de vérités importantes, dont on ne trouve au moins le germe dans *l'esprit des loix*.

Quoiqu'il en soit, un des services les plus incontestables qu'il a rendu à son siècle & à l'esprit humain, est une nouvelle manière d'écrire & d'envisager l'histoire. Après tant de Rhéteurs, qui avaient succédé à un plus grand nombre de compilateurs, il a cherché le premier dans les annales du monde ce qu'il est bien temps enfin d'y chercher, les leçons de l'expérience ; & il a recueilli sans contredit les plus importantes. De tous les événemens consignés dans l'histoire, ce ne sont point sans doute, les combats ni même les conquêtes qui ont eu une plus longue influence sur le sort des peuples ; la politique a fait bien plus que la guerre, & les loix influent bien plus directement, bien plus long-temps encore sur leur bonheur.

Il ne serait pas aisé de déterminer sans doute,

à quel point l'efprit de MONTESQUIEU fe retrouve dans les ouvrages plus ou moins célébres, publiés depuis, & qui ont honoré & diftingué fon fiècle Mais dans la dernière poftérité, ce ne fera pas un des moindres traits de fon éloge peut-être, que d'obferver : *les confidérations fur les Romains*, *l'efprit des loix* furent écrits avant *l'hiftoire générale*, *l'hiftoire du commerce*, avant le *contrat focial* & les ouvrages de *D. Hume*, de *Robertfon*, de *Ferguffon*, de *Gibbon*, de *Burlamaqui*, de *Condillac*, de *Beccaria*, de *Mably*, avant les traités fur la *conftitution d'Angleterre* & la *Monarchie Françaife*, enfin, avant les écrits de plufieurs Magiftrats illuftres, que leur caractère & leurs talens ont rendus également refpectables.

———

24. Toutes les nations n'avancent pas également vîte. Les codes de *Fréderic* & de *Catherine*, parurent quelques années après l'*Efprit des loix*. Ceux de *Léopold* & de *Jofeph*, fe publiaient prefque en même temps que le R. C. M. du P. T. Mais d'autres événemens très-voifins ont paru bien propres à contre-balancer celui-là, & à relever les efpérances, fur l'hiftoire & la théorie des loix *civiles & criminelles*. Voyez les livres VI, XXVII & XXVIIIe. de l'*Efprit des loix*.

———

25. Tout le monde fait que la gloire de MONTESQUIEU, fe répandit bien plus vîte, & fut bien moins conteftée chez les étrangers, qu'en France. On peut voir l'article inféré à fa mort dans

les papiers Anglais , par le Lord *Chesterfield* , & que M. d'Alembert , a imprimé à la suite de son éloge. On me permettra de placer ici deux autres jugemens de deux écrivains plus modernes & de la même nation.

Le premier est l'auteur d'un recueil de *lettres sur la France* , M. *John* , *Andrews.*

Another historical performance of an original nature , is *the Considerations on the rise and decline of Rome* , by the illustrious MONTESQUIEU.

I wil not have the vanity to say any thing in praise of à work that is above all commendation. The concurrent testimony of all Europe has long pronounced it to be the noblest monument of historical wisdom that ever yet appeared. It is read by all nations as a book of oracles; and has left nothing to be added on the subjects it has treated.

The principal production of this extraordinary genius is *l'Esprit des loix.*

Un autre ouvrage historique d'un genre neuf & original (l'Auteur venait de parler de l'histoire du Commerce) sont les *Considérations sur les Romains.*

Je n'ai pas la vanité de vouloir louer un ouvrage au-dessus de tous les éloges. Le suffrage unanime de l'Europe l'a depuis long-temps jugé, comme le monument historique le plus illustre & le plus sage qui ait jamais paru. Il est lu de toutes les nations, comme un recueil d'oracles, & il ne laisse rien à dire sur tous les objets qu'il embrasse.

La principale production de ce génie extraordinaire est *l'Esprit des loix.*

It is inconteftably the no-bleft original in its kind, that was ever produced by the wit of man. It has had the fate of all fuch works, to be commended by the world at large, and attacked by envy, malice and ignorance.

But there is no necef-fity for expatiating on à performance of wich the vaft utility is fo widely acknowledged. Allowing that fome faults may be found in it, they are but thinly fcattered: its perfections wil meet you in every page. You wil be charmed with this ftile, aftonished at his learning, and every whe-re improved by the pro-found wifdom of this ob-fervations.

Cet ouvrage eft fans con-tredit dans fon genre, le plus noble modèle que l'efprit de l'homme ait en-core produit. Il eut le fort des ouvrages de cette trempe, d'être célébre au loin, & d'être attaqué de près par l'envie, la méchanceté&l'ignorance.

Mais il eft inutile de s'étendre fur le mérite d'un livre dont l'utilité & l'importance eft fi géné-ráłement reconnue : fup-pofé que l'on y découvre quelques taches, elles y font très-rares, au lieu que les beautés vous frap-pent à chaque page. Vous ferez également enchanté de fon ftyle, étonné de l'étendue de fes connaif-fances, & éclairé par-tout par la profonde fageffe de fes obfervations.

L'autre témoignage eft plus court & non moins énergique.

As for MONTESQUIEU,   Quant à MONTESQUIEU,

he is an honour to human nature: he is the legislator of nations ; his works are read in every country and language ; and wherever they go, they enlighten aud invigorate the human mind.

A new geographical, historical, an commercial grammar, &c. By William Guthrie.

il honore la nature humaine ; il eſt le légiſlateur des nations ; ſes ouvrages ſont lus dans tous les pays & traduits dans toutes les langues, par-tout où ils ont pénétré, ils élèvent, éclairent & fortifient l'eſprit humain.

Géographie hiſtorique, &c. Londres, 1777, art. France.

De tous ces hommages, le plus honorable eſt ſans doute celui que rend journellement à MONTESQUIEU, l'un des corps qui repréſentent la Nation Angleſe. On ſait qu'il ſe trouve toujours un exemplaire de l'*Eſprit des loix*, ſur une table de la Chambre des Communes.

FIN.

APPROBATION.

J'Ai lu par ordre de Monſeigneur le Garde des Sceaux, un Manuſcrit intitulé *Obſervations ſur Monteſquieu*, & je n'y ai rien trouvé qui m'ait paru pouvoir en empêcher l'impreſſion. A Paris, ce 14 Juin 1787.

DE KÉRALIO.

www.ingramcontent.com/pod-product-compliance
Ingram Content Group UK Ltd.
Pitfield, Milton Keynes, MK11 3LW, UK
UKHW022049070726
13613UKWH00002B/746